DROIT DU COMMERCE INTERNATIONAL

LE ROLE DU JUGE DANS L'ARBITRAGE COMMERCIAL INTERNATIONAL

INTRODUCTION

1.   Il est de l'essence même de l'Etat que l'exercice du pouvoir juridictionnel soit assuré par lui. Seulement, il n'a pu exercer lui-seul cette «tâche titanesque» sans risquer de dénier aux justiciables une justice efficiente et s'est ainsi qu'il lui est apparu nécessaire de déléguer ses activités juridictionnelles aux cours et tribunaux de l'organisation judiciaire inhérente à l'Etat. Pourtant cette approche n'a pu suffire et il a vite paru indispensable – en considération du principe de l'autonomie des volontés des parties dans une convention légalement formée[1] et d'une bonne administration de la justice – de laisser

---

[1] Article 123 de la LTGO : «Le contrat légalement formé s'impose aux parties au même titre que la loi. Elles doivent l'exécuter de bonne foi, dans le sens qu'elles ont entendu lui donner. Elles ne peuvent le révoquer ou le modifier que de leur consentement mutuel ou pour les causes que la loi autorise».

les parties, sur des matières dont elles ont la disponibilité- de régler leur différend de manière privée sans forcément recourir aux juridictions de l'Etat. Le développement des échanges commerciaux internationaux aidant, il était nécessaire que des mécanismes de règlements privés des litiges soient promus pour désengorger les cours et tribunaux, quoi de mieux que l'arbitrage, procédure juridictionnelle de nature privée qui garde les avantages de la justice étatique et notamment de son caractère exécutoire sous des conditions établies par la loi. Mais qu'est-ce que l'arbitrage ? En matière juridique, l'arbitrage est conçu dans une première approche comme étant «une technique visant à faire donner la solution d'une question intéressant les rapports entre deux ou plusieurs autres personnes – l'arbitre ou les arbitres- lesquelles tiennent leurs pouvoirs d'une convention privée et statuent sur la base de cette convention, sans être

investies de cette mission de l'Etat[2]».
La priorité est ici à la base
contractuelle, privée et volontariste de
l'arbitrage. Une approche différente
est celle adoptée par le Pr. Charles
Jarrosson, prônant une dimension
juridictionnelle et institutionnelle en
ce que l'arbitrage serait «l'institution
par laquelle un tiers, règle le différend
qui oppose deux ou plusieurs parties,
en exerçant la mission juridictionnelle
qui lui a été confiée par celles-ci[3]». De
ces deux conceptions, l'arbitrage peut
être défini comme étant une procédure
de règlement des litiges
conventionnellement prévue par les
parties, cellesci s'engagent au terme
d'une convention d'arbitrage – une
clause d'arbitrage ou un compromis
d'arbitrage[4]- à soumettre leur litige

---

[2] David (René), *L'arbitrage dans le commerce
international*, Economica, 1982, p.9.

[3] Jarrosson (Charles), *La notion d'arbitrage*, LGDJ,
1987, p.372.
[4] «La clause compromissoire est la plus fréquente en
pratique. C'est une clause d'un contrat par laquelle les

déjà né ou à naitre à une ou plusieurs personnes privées, les arbitres, à qui elles confèrent ainsi un véritable pouvoir juridictionnel[5]. Autant dire que l'objectif initial de ces modes alternatifs de règlement de litiges seraient de dépasser la seconde phase de l'évolution de la société moderne «visant à la concorde et la paix, et dominée par les idées de médiation, de conciliation et d'arbitrage[6]» même si ce dernier s'avère avoir des caractéristiques différentes des autres

---

parties s'accordent à l'avance pour soumettre tout litige éventuel à l'arbitrage. A l'inverse, le compromis, beaucoup plus rare, est conclu une fois que le litige est né (…). Cette distinction perd en importance en matière internationale, le régime des deux accords étant largement harmonisé[4]», Racine (J-B.) et Siiriainen (F.), «Droit du commerce international», Dalloz 2e édition, 2011, p. 423.

[5] V° Guinchard (S) et Debard (T), Lexique des termes juridiques, Dalloz 21e édition, 2014, p. 71.

[6] David (R), Arbitrage et droit comparé, RIDC, vol. 11, janvier-mars 1959, p. 5-18.

mécanismes. En effet, l'arbitrage est distinct de la médiation[7] et de la conciliation en ce que le médiateur et le conciliateur sont dépourvus du pouvoir juridictionnel, ne pouvant imposer leur décision aux parties, leur mission étant d'aider les parties pour parvenir à un accord amiable.

2.   L'arbitrage est donc un mode de règlement de différend de source conventionnelle – la procédure arbitrale, le tribunal arbitral, la loi sur le fond étant choisie par les parties- sur des questions du domaine des droits dont ils ont la disponibilité et sanctionnée par une decision des arbitres, la sentence arbitrale, ayant la force de l'autorité de la chose jugée mais dont le caractère exécutoire n'est pourtant pas acquis, le juge étatique restant l'autorité ultime pouvant valider le processus arbitral par

---

[7] Loi n°2012-013 du 30 juillet 2012 modifiant et complétant certaines dispositions du CPCM sur la médiation à Madagascar, JORM n°3443 du 06 septembre 2012 p.2560.

l'*exequatur* de la sentence arbitrale. Cette place primordiale du juge dans l'arbitrage est attachée à la fonction même du juge. En effet, la fonction du juge se décompose en *jurisdictio*, «le pouvoir de dire le droit en répondant à une situation de fait dont il est saisi, par une déclaration rendue selon les règles légales, la procédure prescrite et les preuves autorisées : cet aspect de la fonction du juge étant transmis à l'arbitre en matière d'arbitrage[8]». Le second aspect de la fonction du juge se retrouve dans son *imperium* en ce qu'une traduction du pouvoir du juge de donner des ordres aux plaideurs et aux tiers, d'accorder des autorisations, des mesures d'instruction, d'organiser le service du tribunal par exemple. L'arbitre serait dès lors démuni de ce second pouvoir du juge, ne pouvant rendre exécutoire la sentence qu'il a

---

[8] Guinchard (S) et Debard (T), *Lexique des termes juridiques,* préc. p.548 : la *jurisdictio* est représentée dans le symbole traditionnel de la justice par les 2 plateaux tandis que l'*imperium* par le glaive.

délivré[9] sans faire intervenir le juge. Chassé par la porte, le juge revient par la fenêtre en intervenant pendant toute la phase de la procédure arbitrale que ce soit au seuil du procès arbitral dans le cadre de l'exception d'incompétence soulevée par une partie devant le tribunal arbitral, durant la procédure arbitrale, en cas de défaillance des parties dans la constitution du tribunal arbitral ou en prenant des mesures conservatoires et provisoires, des mesures d'instruction ou d'administration de preuve, ou encore à la fin de l'instance arbitrale,

---

[9] Une distinction est faite entre l'*imperium nerum* correspondant aux pouvoirs spécifiquement concernés par l'emploi de la force et de la contrainte et *l'imperium mixtum*, une composante de l'*imperium* reliée à la *jurisdictio* à l'efficacité de laquelle elle contribue (certaines mesures d'administration judiciaire, le pouvoir d'injonction ou d'ordonner des astreintes), l'arbitre pouvant être doté de l'*imperium mixtum* mais pas de l'*imperium nerum* Jarrosson (C), *Réflexions sur l'imperium*, in *Etudes offertes à Pierre Bellet*, éd. Litec, 1991, p.246.

lors du recours en annulation ou de la reconnaissance ou d'exécution de la sentence arbitrale prononcée. La notion de juge d'appui – admis par la jurisprudence et consacré par le décret français de 2011[10]- trouve ici toute son ampleur.

3. Madagascar[11], par la réforme du CPCM en 1998[12], et depuis entérinée en 2003 par la loi n° 2001-

---

[10] Décret n°2011-48 du 13 janvier 2011 portant réforme de l'arbitrage (JORF n°0011 du 14 janvier 2011, n°9).

[11] Dont la preuve de l'existence de l'arbitrage comme mode de règlement des différends civils pourraient être retracés aux temps royaux, v° en ce sens, Piolet (Jean-Baptiste), *Madagascar et les Hova, description, organisation et histoire*, Librairie Charles Delagrave, Paris 1895, p.155: «au civil, les parties sont autorisées à constituer, d'un commun accord, un tribunal arbitral».

[12] Loi n° 98-019 du 02 Décembre 1998 sur l'arbitrage à Madagascar (JORM n° 2549 du 15 Décembre 1998 p. 3654 ; Errata, JORM n°2571 du 26/04/99, p. 1060).

022 du 09 Avril 2003[13], a pris acte de l'évolution internationale de l'arbitrage commercial. D'autres pays comme la France ont également mis en œuvre un droit moderne de l'arbitrage en prenant en compte l'évolution jurisprudentielle depuis les décrets des 14 mai 1980 et 12 mai 1981, et dont l'adoption du décret de 2011 constitue l'un des signes les plus manifestes en ce sens. Les droits mauricien et de l'OHADA auront également une place importante dans ce travail eu égard à la situation qu'ils occupent au point de vue régionale et sont autant de marques du développement de l'arbitrage commercial international sur le continent africain. De la confrontation du droit malgache de l'arbitrage commercial international – toujours balbutiant mais dont le développement, ces dernières années,

---

[13] JORM n° 2849 du 11 Août 2003 p. 212 ; voir arrêté n°7451/2004 du 20/04/2004, J.O.R.M. n°2904 du 24/05/2004 p. 2108 ; modifiée et complétée par la Loi n°2015-035 du 03/02/2016, JORM n°3674 du 07/03/2016, p. 1624.

ne peut qu'être encourageant- avec les autres législations nationales ou internationales permettrait une meilleure compréhension de la posture du juge étatique malgache face à ce phénomène, afin aussi de contribuer au développement économique et commercial de la Grande Ile par la sécurité juridique nécessaire à cet effet.

4. C'est en ce sens qu'il s'avère être important de cerner la place du juge malgache dans le contexte du développement de l'arbitrage commercial international tout en considérant l'évolution législative, règlementaire et jurisprudentielle actuelle. Peut-il y avoir un point d'ancrage entre l'activisme judiciaire et la nécessité de l'efficacité de l'arbitrage, universellement reconnu ? Le juge étatique a-t-il encore une fonction impérative compte tenu de la place sans cesse grandissante de la juridiction arbitrale dans le règlement des litiges dans le commerce international ? Nous tenterons ainsi de

cerner l'évolution de la place du juge étatique dans le droit de l'arbitrage commercial international de par les fonctions essentielles du juge soit de par son intervention limitée suite au dessaisissement de sa fonction juridictionnelle au profit de l'arbitre (Partie 1) avant de nous intéresser sur le recours impératif au juge du fait du défaut d'imperium de l'arbitre (Partie 2).

PARTIE I. UNE INTERVENTION LIMITEE DU JUGE SUITE AU DESAISISSEMENT DE SA FONCTION JURIDICTIONNELLE AU PROFIT DE L'ARBITRE

5. La perte du pouvoir juridictionnel du juge du fait de l'arbitrage se manifeste par le rôle restreint de celui-ci dans le contrôle de la convention d'arbitrage (Chapitre 1). En cas de lacunes de cette dernière, toutefois, le juge pourra agir de manière supplétive (Chapitre 2) sous certaines conditions.

Chapitre 1. Le juge et le contrôle de la convention d'arbitrage

6. L'autonomie de l'arbitrage se manifeste par la permission que la loi octroie aux parties de résoudre leur litige par un mode de règlement privé sur le fondement de leurs volontés traduites par la convention d'arbitrage. Toutefois, ce caractère conventionnel de l'arbitrage n'est pas total. Ainsi, l'intervention limitée du juge étatique dans l'arbitrage se manifeste dans son rôle de garant de la validité intrinsèque du contrat (Section 1) et ainsi de faire respecter la volonté des parties sous les

limites que la loi lui oppose, le contrôle extrinsèque (Section 2) de l'accord compromissoire lui participe d'un objectif de rendre efficace ce dernier.

Section 1. Le contrôle intrinsèque de la convention d'arbitrage

7. Il s'établit par le contrôle des parties à l'arbitrage (Paragraphe 1) mais également sur la convention d'arbitrage par rapport à sa forme (Paragraphe 2) et son objet (Paragraphe 3).

Paragraphe 1) Le contrôle sur les parties à l'arbitrage

8. L'arbitrage découlant de volontés des parties, il est ainsi nécessaire de considérer l'intervention du juge sur l'émanation de ces volontés que ce soit au niveau du consentement (a) que de leurs capacités à compromettre (b) afin que le dessein arbitral pour connaitre du litige que les parties ont voulu soit pris en connaissance de cause.

a) Le consentement des parties

- L'existence d'un consentement à l'arbitrage des parties

9. L'arbitrage étant une expression du consentement[14] des parties de se soustraire de l'ordre juridictionnel étatique pour qu'un tribunal privé règle leur litige, le caractère consensuel est ainsi très important. La convention écrite fait ainsi présumer l'établissement du consentement sous réserve de la constitution des vices de consentement[15]. Le droit malgache a ainsi résolu cette question en édictant

---

[14] Cornu (G.) (éd.), *Vocabulaire juridique*, Association Henri Capitant, 8e éd., PUF, Paris, 2000, p. 204, V° «Consentement : accord de deux ou plusieurs volontés en vue de créer des effets de droit...» *;* ou «désigne à l'intérieur de cet accord, la volonté de chacune des parties contractantes et c'est en sens que l'on parle de l'échange des consentements» selon O. Diallo, *Le consentement des parties à l'arbitrage international*, PUF, 2010, 15.

[15] Fernández Rozas (J. C.), *Le rôle des juridictions étatiques devant l'arbitrage commercial international*, Thèse Académie de droit international de la Haye, 2001, p. 104.

la nécessité de l'écrit[16] de la convention d'arbitrage international. Si des différends sur l'existence de la convention se présentent, le juge sera amené à rechercher selon les éléments de fait et de droit s'il y a une commune volonté des parties de compromettre[17]. Au point de vue du droit comparé, l'on remarque un développement des différends sur les clauses pathologiques, les transmissions de convention d'arbitrage ainsi que les clauses compromissoires par référence[18].

10.   Les clauses pathologiques sont celles qui de par leur rédaction

---

[16] V° en ce sens *infra* sur la nécessité de l'écrit.

[17] Ou de designer une quelconque loi applicable au détriment d'un règlement par l'arbitrage : v° CA de Paris, 26 mars 1991, *Dalico*, Rev. Arb. 1991, 456, note H.Gaudemet-Tallon.

[18] Pour la clause compromissoire par référence, v° en ce sens *infra* sur la convention d'arbitrage par référence.

empêcheraient de se prononcer clairement et immédiatement sur la volonté des parties de se soumettre à l'arbitrage, dans l'identification de l'institution arbitrale compétente ou quant à la certitude de la renonciation à la juridiction étatique[19]. Il en est ainsi par exemple d'une clause compromissoire désignant comme applicable à l'instance arbitrale une règle abrogée, une clause n'énonçant pas clairement et formellement la volonté de se soumettre à l'arbitrage[20], celle désignant une institution arbitrale inexistante[21], ou encore celle faisant coexister une soumission à l'arbitrage comme mode de règlement des litiges à naitre du contrat et d'une clause

---

[19] Fernández Rozas (J. C.), *Le rôle des juridictions étatiques devant l'arbitrage commercial international*, *Op. cit.* pp. 116 ss.

[20] Sentence CCI n°2138 (1974), *Journ. Dr. Int.*, 1975, p. 934.

[21] Ordonnance (réf.) du TGI de Paris, 8 septembre 1983, *Rev. Arb.*, 1983, pp. 479 s, note B. Moreau.

d'élection de for[22]. Toutefois selon l'article 440-3 du CPCM, l'obligation de désignation des arbitres dans la convention d'arbitrage bien que reconnue comme motif d'annulation de la clause compromissoire en arbitrage interne ne l'est pas en matière internationale. Le juge pourrait ainsi intervenir lorsque la question lui serait directement soumise lors du contrôle de l'annulation de la sentence. Cette intervention ne pourrait néanmoins pas avoir pour résultat d'altérer la signification littérale de la clause d'arbitrage mais de la reconstruire, trouver un équilibre délicat entre la révision de la clause et un inactivisme judiciaire pouvant faire naitre un éventuel déni de justice[23].

---

[22] Pour une étude approfondie du sujet, F. Eisenmann *La clause d'arbitrage pathologique, Essais in Memoris de Eugenio Minolli*, Turin, 1974, pp. 120 ss.

[23] La Cour de cassation française a ainsi déclaré irrecevable la désignation opérée par le président du tribunal de commerce de Paris : Cass., Civ. 1e 19

11. L'existence du consentement est comme le reconnait l'article 272 de la LTGO[24] constatée par l'apposition des signatures des parties sur l'acte convenu. L'accord d'arbitrage étant non statique comme tout contrat dans le cadre de la vie juridique des parties, il peut ainsi arriver que des tiers non signataires du moins au regard de l'accord initial deviennent parties plus tard. Cela pose ainsi la question de la

---

novembre 1985, *Rev. Arb.*, 1986, pp. 425 ss. note Fouchard (P), et Cass., Civ. 1e 10 mai 1995, *Rev. Arb.*, 1995, pp. 605 ss. note A. Hory.

[24] V° en ce sens, l'article 272 de la LTGO «La signature des parties est obligatoire. Elle ne peut être remplacée ni par un signe ni par des empreintes digitales ni par la signature de témoins. Le mandataire ne peut signer du nom de son mandant mais de son propre nom précédé des mots «par procuration» ou de toute autre expression équivalente» (Loi n°66-003 du 02 juillet 1966 relative à la Théorie Générale des Obligations (JORM n° 486 du 09/07/66, p.1429 ; Errata : JORM n° 489 du 23/07/66, p. 1657; du 14/01/67, p. 35 et du 30/11/68, p. 2229).

circulation de la convention d'arbitrage[25] soit par sa transmission soit par son extension aux parties initialement non signataires. La jurisprudence française, très prolixe en la matière[26], tend vers une admission de la transmission de la convention d'arbitrage en ce sens qu'elle s'imposerait «à toute partie venant aux droits de l'un des contractants»[27], qu'elle «est transmise avec le contrat principal sauf preuve de l'*intuitus*

---

[25] Pour une étude complète, Mayer (P), *La circulation des conventions d'arbitrage*, JDI 2005, 251.

[26] Spécifiquement pour le régime de la circulation des conventions d'arbitrage : Gaillard (E), *La jurisprudence de la Cour de cassation en matière d'arbitrage international*, Doctrine, Rev. Arb., 2007, 4, pp. 698 ss.

[27] La Cour de cassation affirme en cas de substitution de mandataires que la clause s'impose à toute partie venant aux droits de l'un des contractants sans qu'il soit nécessaire qu'elle ait connu son existence et l'ait acceptée : Cass. Civ. 1re, 8 février 2000, *Sté Taurus Film et autres*, Bull. civ. I, n°36.

personae dans la convention d'arbitrage»[28]. Allant au-delà du principe d'autonomie de la convention d'arbitrage, la haute juridiction française dans la même décision a pu ainsi admettre la transmission de l'accord compromissoire de plein droit sans qu'il y ait besoin de recueillir une acceptation[29]. Certains auteurs interprètent cette position en une tendance du juge français à «considérer l'arbitrage comme un mode normal de règlement des litiges du commerce international»[30]. La Cour de cassation met ainsi en œuvre «une véritable présomption d'arbitrage dont il appartient en cas de

---

[28] Cass. Civ. 1re, 28 mai 2002, *Sté Burkinabè des Ciments et Matériaux (Cimat)*, Bull. civ. I, n°146.

[29] Racine (J-B.) et Siiriainen (F.), *«Droit du commerce international»*, Dalloz 2e édition, 2011, p. 451.

[30] V° en ce sens : Gaillard (E.), *La jurisprudence de la Cour de cassation en matière d'arbitrage international*, préc. p. 705.

cession du contrat au cessionnaire qu'au cédé de combattre pour ne pas être lié par la convention d'arbitrage»[31]. Dans le cadre des chaînes de contrats[32], les praticiens se sont longtemps questionnés sur la transmission de la convention d'arbitrage aux *maillons* successifs de celle-ci. La Cour de cassation française y a répondu en 2007 en admettant la règle de la transmission automatique même aux chaînes hétérogènes de contrats translatifs de

---

[31] V° Gaillard (E.), *Op. cit.*, p. 705.

[32] Pour la définition de chaine de contrats, V° Guinchard (S) et Debard (T), *Lexique des termes juridiques* Dalloz 21e édition, 2014, p. 154 «une pluralité de conventions se succédant dans le temps et portant sur le même objet». La chaine est dite homogène si les contrats successifs sont de même nature, elle est dite hétérogène s'ils sont de nature différente ; et pour une étude approfondie de la jurisprudence en matière de chaines de contrat, Ass. Plén., 7 février 1986, *Société commerciale de matériaux pour la protection et l'isolation*, GAJC, Dalloz 12e éd., 2008, Tome 2, n°266.

propriété sans restriction de la preuve de l'ignorance raisonnable de la clause compromissoire pour s'en échapper[33]. La question se pose également en ce qui concerne les conventions d'arbitrage dans les groupes de sociétés, doivent-elles ainsi s'étendre aux autres sociétés du groupe non signataires initialement[34] ? Il semble que le juge français inspiré par une tendance libérale à l'égard de l'arbitrage ait répondu par le positif constituant ainsi une entorse à la règle exigeant l'existence d'un écrit constatant le consentement des

---

[33] Cass. Civ. 1re, 27 mars 2007, *ABS*, Rev. Arb. 2007. 785, note J. El Adhab ; V. F.-X. Train, « *Arbitrage et action directe : à propos de l'arrêt ABS du 27 mars 2007* », Gaz. Pal. 22 novembre 2007, n° 326, p. 6.

[34] Pour une étude approfondie du sujet : Fadlallah (V. I.), «*Clauses d'arbitrage et groupe de sociétés*», Trav. Com. Fr. DIP, 1984-1985, p.105 ; Hanotiau (B.), «*L'arbitrage et les groupes de sociétés*», Gaz. Pal., Cahiers de l'arbitrage, n°2002/2, 1re partie, p.6.

parties[35]. Ainsi, la CA de Paris dans une décision importante a rejeté le recours en annulation contre une sentence arbitrale en jugeant que le tribunal arbitral est compétent – et cela aux griefs des sociétés demanderesses invoquant qu'elles, une des filiales et la société mère, même si dans le même groupe que le signataire de l'accord compromissoire, ne pouvaient être tenues par ce dernier. Les juges d'appel énonçaient dans cette décision que «suivant la volonté commune de toutes les sociétés intéressées, les sociétés Dow Chemical France et Dow Chemical Company avaient été parties à ces conventions bien que ne les ayant pas matériellement signées et que la clause compromissoire leur était dès lors applicable »[36]. Ainsi, si la société

---

[35] Bien que l'exigence de l'écrit en arbitrage international français ait été adoucie par la jurisprudence, puis complètement écartée par la réforme de 2011, v° supra *La nécessité de l'écrit*, p. 20.
[36] CA de Paris, 21 octobre 1983, *Rev. Arb.* 1984, 98, note A. Chapelle.

non signataire contribue dans les actes opérationnels liés à la conclusion ou l'exécution du contrat, ce fait constituerait «un indice fort de la volonté d'être liée par la convention d'arbitrage contenue dans le contrat»[37]. Autant dire que la decision des juges d'appel dans le cas Dow Chemical confirme la tendance de la jurisprudence française de ne pas denier la levée du voile social en matière d'arbitrage commercial international.

-       L'intégrité du consentement

12. Au-delà du fait que le consentement à l'arbitrage doit exister, il devra également pour valider la convention compromissoire, être exempt de vices. La loi malgache sur l'arbitrage prévoit que le juge puisse annuler ou refuser l'exécution d'une sentence arbitrale si une des parties arrive à prouver l'incapacité de son cocontractant ou de l'invalidité de

---

[37] Racine (J-B.) et Siiriainen (F.), «*Droit du commerce international*», *Op. cit.* p. 449.

ladite convention au point de vue du droit auquel les parties ont voulu la subordonner ou bien au regard des règles de droit international privé[38]. Si la loi auquelle les parties se sont référées est le droit malgache, il est admis qu'une convention d'arbitrage puisse être annulée pour erreur, dol ou violence. Cependant, en droit français, ce choix de la loi applicable au litige n'est pas nécessaire pour savoir qu'il y ait eu vice du consentement, il suffit en ce sens de se référer aux principes généraux de droit pour savoir s'il y a eu violence ou pas par exemple. Dans tous les cas, la nullité du contrat principal - pour vice de consentement – contrat auquel la convention d'arbitrage est attachée, ne vicie pas cette dernière eu égard au principe de l'autonomie de l'accord compromissoire par rapport au contrat principal[39].

---

[38] Art. 462.2.a) i) pour le recours en annulation et art. 464 paragraphe 1 A.1° du CPCM pour le recours en reconnaissance ou exécution de la sentence arbitrale étrangère.

[39] Etabli par l'arrêt *Gosset*, Cass. Civ. 1re, 7 mai 1963, Rev. Crit. DIP 1963. 615, note H. Motulsky. Ce principe a été par la suite reconnu dans presque tous les droits modernes de l'arbitrage : la France par

b) La capacité des parties

- <u>La capacité et le pouvoir à compromettre des personnes privées</u>

13. L'article 453-2 du CPCM prévoit que les parties à un accord compromissoire doivent avoir la capacité de «disposer de leurs droits» et l'incapacité à compromettre est un motif d'annulation de la sentence arbitrale par le juge malgache. La personne qui va compromettre devra en ce sens avoir la capacité générale de contracter et la libre disposition du droit en litige dans la convention d'arbitrage. Un mineur n'a donc pas la capacité de compromettre[40], ni le majeur en régime d'incapacité

---

l'article 1447 al. 1 CPCMF issu du décret du 13 janvier 2011 et pour Madagascar par l'article 455-1 du CPCM.

[40] A noter qu'une personne mineure émancipée peut exercer l'activité commerciale en droit malgache : v° article 2-2 du Code de Commerce Français applicable à Madagascar.

supposant un mécanisme de représentation telle la tutelle. La question se pose également si un débiteur en état de redressement judiciaire ou de liquidation judiciaire peut convenir d'un arbitrage international. En matière de redressement judiciaire, le droit malgache prévoit qu'un dessaisissement partiel du pouvoir découlant de l'ouverture de la procédure aura pour conséquence que le syndic – qui représente les créanciers - devra assister obligatoirement le débiteur dans tout acte d'administration et de disposition de ses biens[41]. Le débiteur ne peut ainsi passer un accord compromissoire sans l'autorisation préalable du

---

[41] Article 42 de la Loi n°2003-042 du 3 septembre 2004 sur les procédures collectives d'apurement du passif (PCAP) (JORM n°2939 du 8 novembre 2004 p.4300 ; modifiée par la loi n°2007-018 du 27 juillet 2007, JORM n°3139 du 15 octobre 2007, pp.5834-5839).

syndic[42]. Pour la liquidation qui
entraine un dessaisissement complet
du débiteur, seul le syndic sous
l'autorisation du juge commissaire
pourra conclure une convention
d'arbitrage eu égard au fait qu'elle est
liée aux contestations qui intéressent
collectivement les créanciers. Cette
convention devra dans certaines
conditions être homologuée par le
tribunal de commerce[43]. Il est
néanmoins à remarquer que cette
solution s'éloigne de celle adoptée par
le droit français où le dessaisissement
est à contenu variable et où il faut, de
ce fait, consulter le jugement
d'ouverture de la procédure pour voir
à quelles conditions l'intéressé peut

---

[42] La même approche a été adoptée par le droit OHADA
: V° article 52 de l'Acte Uniforme sur les Procédures
Collectives ; v° en ce sens P. Meyer *Droit de*
l'arbitrage OHADA, AUF, Bruylant Bruxelles 2002,
pp. 94 ss.

[43] Article 175 de la Loi sur les PCAP, préc.

valablement compromettre[44]. Une procédure d'arbitrage ne pouvait ainsi se porter sur les principes fondamentaux du droit des procédures collectives dont ceux portant sur la suspension des poursuites individuelles ou l'égalité des créanciers[45].

14. Ainsi, une personne privée peut compromettre si elle possède la capacité juridique pour le faire. En ce qui concerne les sociétés commerciales, il est important de savoir le pouvoir de compromettre au sein de ces entités. Une société peut-elle s'opposer à l'application de la

---

[44] Sur la différence d'approche entre le droit OHADA et le droit français : V° en ce sens P. Meyer *Droit de l'arbitrage OHADA*, préc. ; D. Vidal, *Procédure collective et procédure d'arbitrage : quelle rencontre ?*, Gaz. Pal. 31 octobre 2009, n°304, p.3.

[45] Ces questions ont même été reconnues par la jurisprudence qui en a fait des principes d'ordre public interne et d'ordre public international : Cass. Civ. 1re, 8 mars 1988, *Thinet*, Rev. Arb. 1989. 473, note P. Ancel.

convention d'arbitrage du fait du défaut de pouvoir de son représentant ? Le droit des sociétés malgache a déjà prévu dans l'article 107 de la loi sur les sociétés commerciales le pouvoir des organes de gestion, de direction et d'administration pour engager la société sans qu'il soit nécessaire qu'il y ait un mandat spécial[46]. La jurisprudence française sur la base des règles matérielles à l'arbitrage qu'elle a développé y a toutefois répondu par la négative en déclarant que

«l'engagement d'une société à l'arbitrage ne s'apprécie pas par référence à une quelconque loi nationale [y compris celle sur la représentation d'une société commerciale] mais par la mise en œuvre d'une règle matérielle déduite du principe de validité de la convention d'arbitrage fondée sur la volonté commune des parties, de l'exigence de bonne foi et de la croyance légitime dans les pouvoirs du signataire de la clause pour

---

[46] Article 107 de la Loi n°2003-036 du 30 janvier 2004 sur les sociétés commerciales (JORM n° 2890 du 01 Mars 2004 p. 1084).

conclure un acte de gestion courante qui lie la société[47]». Le défaut du pouvoir du signataire de la convention ne pourra ainsi être invoqué par la société pour remettre en cause l'efficacité la convention d'arbitrage si le cocontractant a pu légitimement croire à l'existence d'un pouvoir de représentation. Cela est en soi une application de la théorie de l'apparence en matière d'arbitrage international tout en considérant l'accord compromissoire non plus comme un acte grave mais comme un acte de gestion courante de la société[48].

- <u>L'aptitude à compromettre des personnes morales publiques</u>

15. L'immixtion de l'Etat et de ses désarticulations dans des domaines de plus en plus commerciaux ainsi que la phase de privatisation dans beaucoup de secteurs économiques et industriels anciennement

---

[47] Cass. Civ. 1re, 8 juillet 2009, Rev. Arb. 2009, 529, note D. Cohen.
[48] V° en ce sens V.D. Cohen, *L'engagement des sociétés à l'arbitrage*, Rev. Arb. 2006, 35.

réservés à l'Etat[49] et les personnes morales de droit public ont conduit à la conclusion de contrats[50] entre ces dernières et d'autres

---

[49] Egalement par un souci de développement des IDE, v° en ce sens l'impact des TBI sur la responsabilité de l'Etat lors des pillages au moment de la crise politique à Madagascar en 2009 : J. Ravaloson *De la responsabilité des pillages lors des émeutes et de la protection des investissements*, Revue juridique et fiscale de MCI Madagascar, n° 45, 2009, pp. 17 ss.

[50] Sur la clause compromissoire dans les contrats d'Etat et particulièrement des contrats pétroliers à Madagascar, H. Rakotomavo, *L'étude des problèmes juridiques dans les contrats d'Etat : cas des contrats pétroliers*, Grand oral pour l'obtention d'une Maitrise en Sciences Politiques, Université d'Antananarivo, 2009/2010, pp. 15 ss. [51]L'Etat renonce ainsi automatiquement à son immunité de juridiction lorsqu'il conclut un accord compromissoire. Sur les différences entre les immunités de juridiction et d'exécution des personnes morales publiques en droit du commerce international, v° en ce sens Cass. Civ. 1[re,] 25 février 1969, *Levant Express*, *Les grands arrêts du*

contractants privés, nationaux et étrangers, dont la plupart contiennent des clauses compromissoires. Cet afflux de conventions a également provoqué de nombreux litiges qui ont amené à la conclusion de conventions d'arbitrage afin de les résoudre. La question s'est posée alors sur la possibilité pour les personnes publiques de compromettre et ainsi de renoncer de leur propre chef aux bénéfices de leurs immunités[51]. En ce qui concerne l'arbitrage international au point de vue du droit malgache, l'article 453 paragraphe 1-5° du CPCM prévoit la non arbitrabilité de litiges concernant les personnes morales de droit public sauf ceux «découlant de rapports internationaux d'ordre économique, commercial ou financier[51]». Cette incapacité

_____

droit international privé par B. Ancel et Y. Lequette, Dalloz, 2006, 5e éd., p.422.

[51] A noter qu'en matière interne, les dispositions de l'article 440-1-4 du CPCM sur la non arbitrabilité des litiges concernant l'Etat, les CTD et les établissements publics ont été abrogée par la loi n° 2016-039 modifiant et complétant certaines dispositions du CPCM (Loi no.2016-039 du 25 Janvier 2017 JORM

de compromettre a été néanmoins aménagée dans le cadre de dispositions législatives récentes plus libérales à Madagascar notamment en matière de contrats de Partenariat Public Privé[52]. Pour le droit français, la posture du prétoire sur la question a été sans doute l'une des plus prolifiques en matière d'arbitrage international. Initialement sur le fondement de la séparation des autorités

---

no.3738 du 27 Février 2017). Cette approche est similaire à celle admise par le droit OHADA.

[52] Article 49 de la loi n°2015-039 du 3 février 2016 sur le Partenariat Public Privé à Madagascar «tout litige né directement ou en relation avec l'exécution, la résiliation, l'annulation ou l'interprétation d'un contrat PPP, est soumis aux mécanismes de règlement des différends tels que convenus par les parties dans le contrat. A cet effet, le recours à une procédure d'arbitrage nationale ou internationale est autorisé au titre de la présente Loi». Les sociétés à participation publique sont également requises de recourir désormais au droit commun régissant les sociétés commerciales y compris la possibilité de solutionner les litiges commerciaux par les MARL (article 1er de la loi n° 2014-014 relative aux sociétés commerciales à participation publique).

administratives et judiciaires et aussi pour éviter que les personnes publiques ne s'échappent des juridictions spécifiquement établies pour elles en particulier de la juridiction administrative, le législateur français s'est engagé dans une voie prohibant l'entrée des personnes publiques au domaine couvert par l'arbitrage que ce soit par les anciens articles 83 et 1004 du Code de Procédure Civile de 1806 que dans les dispositions de l'article 2060 du CC[53]. Dans un premier temps, le juge français développa une règle matérielle se distançant des règles de conflits de lois précédemment appliquées[54]

---

[53] Article 2060 CC «On ne peut compromettre sur les questions d'état et de capacité de personnes, sur celles relatives au divorce et à la séparation de corps ou sur les contestations intéressant les collectivités publiques et les établissements publics et plus généralement dans toutes les matières qui intéressent l'ordre public. Toutefois, des catégories d'établissements publics à caractère industriel et commercial peuvent être autorisées par décret à compromettre».

[54] Même si cette approche était justifiée par le fait de déformer les règles de conflits de lois que de l'appliquer effectivement: v° en ce sens l'arrêt *San Carlo*, Cass. Civ. 1re, 14 avril 1964, *Rev. Crit.* 1966. 68 note Batiffol

pour statuer sur l'inapplicabilité de la prohibition en matière internationale en considérant que l'interdiction en matière d'arbitrage interne ne pouvait s'appliquer «à un contrat international passé pour les besoins et dans des conditions conformes aux usages du commerce maritime»[55]. Le juge judiciaire français a aussi étendu ces dispositions de la jurisprudence Galakis aux personnes morales de droit étranger. Cette approche se fonde sur la faveur que la jurisprudence française entretient à l'égard de la validité de la convention d'arbitrage international et aussi par l'exigence de bonne foi de la personne publique, traduction du principe de l'*estoppel*. En effet, il serait inadmissible que la personne publique se contredise en acceptant de compromettre et puis ultérieurement lorsque le litige naitra

---

(application par la haute juridiction de la loi du contrat, loi italienne qui autorise l'arbitrage pour les personnes publiques au détriment de la loi française qui l'interdit).

[55] Cass. Civ. 1re, 2 mai 1966, *Galakis*, *Les grands arrêts du droit international privé* par B. Ancel et Y. Lequette, Dalloz, 2006, 5e éd., p. 391.

de s'en échapper[56]. Toutefois, des dissensions se sont installées entre la juridiction judiciaire, favorable à cette approche et la juridiction administrative[58] qui y est opposée. Par une décision du Tribunal des conflits en 2010[59], les juges de cette juridiction ont départagé leurs compétences respectives en matière de recours contre une sentence arbitrale internationale : le contrôle de la sentence relève du juge judiciaire[60] mais si le recours implique des règles impératives du droit public français[61], la juridiction administrative sera compétente, confirmant ainsi implicitement l'arbitrabilité des litiges mettant en jeu les intérêts du commerce international.

Paragraphe 2)   Le contrôle sur la forme de la convention

La forme écrite (a), sous ses différents aspects (b), de la convention d'arbitrage est nécessaire afin de déterminer l'existence de l'accord

---

[56] C'est l'application du principe d'*estoppel* en droit de l'arbitrage international, notion prise du droit anglo-saxon sanctionnant les contradictions de comportement au cours de la procédure arbitrale. Ce principe a été admis en

compromissoire plus particulièrement lorsqu'il est référé dans plusieurs contrats (c).

a) La nécessité de l'écrit

16.   Au point de vue de l'arbitrage international, le droit malgache énonce la nécessité de la forme écrite de la convention d'arbitrage[57] pour que celle-ci soit valide. Cette disposition du CPCM est identique à celle de la Loi-type[58] et sous-tend une tendance formaliste de l'arbitrage international à Madagascar.

17.   En France, depuis longtemps, la jurisprudence a consacré le principe de l'autonomie de la convention d'arbitrage par rapport aux lois étatiques. Ce principe a ainsi permis que la convention soit immunisée

---

[57] Article 453 al. 2 du CPCM «La convention d'arbitrage doit se présenter sous forme écrite».

[58] Article 7-2 de la Loi-type «La convention d'arbitrage doit se présenter sous forme écrite».

«face aux prohibitions venues du droit interne»[59] et qu'une forme de règle matérielle propre, d'où s'inspirait le juge, en aurait été bâti[60]. De cet ensemble de règles, la jurisprudence a pu ainsi libérer l'arbitrage de tout formalisme en n'exigeant aucune forme écrite pour la convention d'arbitrage commercial international. C'est en ce sens que la CA de Paris a pu déclarer dans son arrêt du 24 février 2005 que «la convention d'arbitrage

---

[59] Racine (J-B.) et Siiriainen (F.) *«Droit du commerce international»*, Dalloz 2ᵉ édition, 2011, p. 426.

[60] L'arrêt *Dalico* décide ainsi qu'en vertu d'une règle matérielle du droit international de l'arbitrage, «l'existence et l'efficacité d'une clause compromissoire s'apprécient sous réserve des règles impératives du droit français et de l'ordre public international, d'après la commune volonté des parties, sans qu'il soit nécessaire de se référer à une loi étatique. Cet arrêt sonne le glas de la méthode des conflits en matière de convention d'arbitrage» (Cass. Civ.1ʳᵉ, 20 décembre 1993 Rev. Arb. 1994 p.116, note H. Gaudemet-Tallon).

international n'obéit à aucune règle de forme, mais à un principe de validité qui repose sur le seul accord de volonté des parties». Depuis le décret français du 13 janvier 2011, la convention d'arbitrage international «n'est soumise à aucune condition de forme» selon l'article 1507 du CPCF et ainsi une convention verbale serait ainsi théoriquement admise. Cet article constitue une dérogation à l'article II de la Convention de New York dans le sens d'une plus grande faveur à l'arbitrage[61]. Néanmoins, l'écrit reste la solution la plus privilégiée en pratique car il est plus aisément utilisable comme preuve de l'existence de l'arbitrage même si d'autres formes de convention seraient admises.

---

[61] Chaouachi (L.), *Le juge d'appui français et l'arbitrage international*, Mémoire pour l'obtention de diplôme de
Master 2 Recherche Droit du marché, Centre de Droit de la consommation et du marché, Université de Montpellier 1, 2010/2011, p. 10.

b) Les différentes formes d'écrit et l'écrit électronique

18. Ainsi, la loi malgache ne reconnait que l'écrit en tant que forme de la convention d'arbitrage international. L'article 453 al. 2 du CPCM a établit ainsi une énumération des formes admises pour la convention d'arbitrage écrite : celle «consignée dans un document signé par les parties ou dans un échange de lettres, de communications télex, de télégrammes ou de tout autre moyen de télécommunication qui en atteste l'existence». La loi malgache admet également l'échange de conclusions dans lequel l'existence d'une convention d'arbitrage est invoquée par une partie et qui est non contestée par l'autre. Il s'agit donc d'une exigence d'écrit *ad validatem* de l'existence d'une convention internationale[62]. Cela relèvera

---

[62] Pour la définition : «Ad validatem/ad solemnitatem : littéralement, pour la solennité, pour la validité :

également d'une question pratique
puisqu'il en sera plus facile de prouver
la réalité du consentement des parties
lors de la procédure d'exequatur de la
sentence arbitrale[68].

19. La question de la
reconnaissance de l'écrit électronique
comme source de l'arbitrage se pose
avec intérêt dans un monde où
l'espace virtuel ne cesse de prendre de
l'ampleur dans le domaine du droit[63].

---

expression signifiant que la forme prescrite est exigée
pour la validité de l'acte et qu'en son absence il y a lieu
à nullité» in *Lexique des termes juridiques* sous la
direction de S. Guinchard et T. Debard Dalloz 21e
édition, 2014, p. 40. [68] Article 464 alinéa 2 du CPCM
«La partie qui invoque une sentence arbitrale ou qui en
demande l'exécution doit en produire l'original
dûment authentifié ou une copie certifiée conforme,
ainsi que l'original de la convention d'arbitrage
mentionnée à l'article 453 ou une copie certifiée
conforme».

[63] Pour une étude approfondie du sujet, Féral-Schul
(C.), *Cyberdroit, le droit à l'épreuve de l'internet*,
Praxis Dalloz 6e édition, 2010 ; La Lettre de la

Le législateur malgache a déjà pris les devants en reconnaissant la validité des contrats[64], les écrits[65] et signatures[66] électroniques. Il semblerait donc aux termes de l'article 270.1 nouveau de la LTGO que la forme électronique d'un acte sous seing privé soit admise comme étant

---

Chambre Arbitrale Internationale de Paris, *L'arbitrage et les nouvelles technologies* Newsletter n°8, Octobre 2015.

[64] Article 13 de la Loi n°2014-024 du 10 décembre 2014 sur les transactions électroniques (JORM n°3618 du 11 mai 2015 p.2274) «sauf convention contraire entre les parties, une offre et l'acceptation d'une offre peuvent être exprimées par une communication électronique. Lorsqu'un message de données est utilisé pour la formation d'un contrat, la validité, la preuve ou la force exécutoire de celui-ci ne sont pas déniés pour le seul motif qu'un message de données a été utilisé».

[65] Article 270-1 (nouveau) de la LTGO «L'écrit peut être fait sur un support virtuel : écrit électronique».

[66] Loi n°2014-025 du 10 décembre 2014 sur la signature électronique (JORM n°3618 du 11 mai 2015 p. 2284).

un écrit valide au même pied que l'écrit manuscrit. Plus particulièrement, pour la convention d'arbitrage international soumis au CPCM, rien ne s'oppose à ce que les parties compromettent par voie d'écrit électronique d'autant plus que l'écrit compromissoire pourrait être prouvé par «tout autre moyen de télécommunication qui en atteste l'existence». Néanmoins, le législateur malgache n'ayant pas encore repris les amendements de la Loi-type adoptés en 2006 et notamment de son article 7 paragraphe 4[67], une formule claire sur la question

---

[67] «Une communication électronique satisfait à l'exigence de forme écrite imposée pour la convention d'arbitrage si l'information qu'elle contient est accessible pour être consultée ultérieurement; le terme "communication électronique" désigne toute communication que les parties effectuent au moyen de messages de données; le terme "message de données" désigne l'information créée, envoyée, reçue ou conservée par des moyens électroniques, magnétiques ou optiques ou des moyens analogues, notamment, mais non exclusivement, l'échange de données

de la convention d'arbitrage électronique aurait le mérite de préciser ce moyen dans un monde sans cesse en évolution. D'autant plus que la voie électronique présente l'avantage d'assurer la confidentialité et l'accès sécurisé du contenu, confidentialité et sécurité, des concepts si chers au droit de l'arbitrage[68]. La forme de la convention ainsi discutée, qu'en serait-il si l'acte d'arbitrage écrit se trouverait dans un acte séparé de l'acte de base auquel il se réfère ?

c) La convention d'arbitrage par référence

20. Il peut arriver que la convention d'arbitrage soit dans un

---

informatisées (EDI), la messagerie électronique, le télégraphe, le télex ou la télécopie».

[68] Caprioli (E. A.) et Choukri (I.) *«La clause compromissoire électronique: l'imperium renouvelé de la volonté des parties»* in Lettre de la Chambre Arbitrale Internationale de Paris, *L'arbitrage et les nouvelles technologies* Newsletter n°8, octobre 2015 p. 20.

acte séparé de l'acte de base auquel le contrat se réfèrerait, c'est la question de la validité de la convention par référence[69]. Il en est par exemple lorsque la convention d'arbitrage, en l'espèce une clause compromissoire, n'était pas insérée dans le contrat principal de vente de pétrole brut mais dans un autre contrat standard auquel le contrat principal se réfèrerait[70]. En droit malgache, l'article 453 paragraphe 2 du CPCM reconnait la convention internationale compromissoire par référence en disposant que «la référence dans un contrat à un document contenant une clause compromissoire vaut convention d'arbitrage». Toutefois, le législateur a voulu délimiter l'admission de la convention par

---

[69] Oppetit (B.), *La clause arbitrale par référence* Rev. Arb. 1990, 551, Boucobza (X), *La clause compromissoire par référence en matière d'arbitrage commercial international*, Rev. Arb. 1998. 495.

[70] Cass. Civ. 1re, 11 octobre 1989, *Bomar Oil I*, Rev. Arb. 1990 p. 134 note C. Kessedjian.

référence en conditionnant sa validité à ce que le contrat se référant à un compromis soit sous forme écrite. En outre et cela est similaire aux dispositions de la Loi-type[71], que «la référence soit telle qu'elle fasse de la clause [compromissoire] une partie du contrat [de référence]».

21.   Pour ce qui est du droit français, avant l'intervention de la réforme de 2011, la haute juridiction a développé d'abord une règle restrictive établie par l'arrêt *Bomar Oil*[72] qui voulait que pour être valide, l'existence de la convention d'arbitrage doit être indiquée dans le contrat principal ou bien que les parties soient en relations habituelles

---

[71] Article 7-6 de la Loi-type «La référence dans un contrat à tout document contenant une clause compromissoire vaut convention d'arbitrage écrite, à condition que la référence soit telle qu'elle fasse de la clause une partie du contrat».

[72] Arrêt *Bomar Oil*, préc.

d'affaires[73]. Influencée par la tendance consensualiste de l'arbitrage international, la Cour de cassation a assoupli cette règle en admettant que «la clause compromissoire par référence à un document qui la stipule est valable lorsque la partie à laquelle on l'oppose en a eu connaissance au moment de la conclusion du contrat et qu'elle a, futce par son silence, accepté cette référence»[74]. La partie à qui l'on oppose la convention d'arbitrage doit donc avoir eu connaissance de ladite convention au moment de la conclusion du contrat et qu'en outre elle a accepté la référence. Cette acceptation pourra découlée d'un silence gardé. La réforme intervenue par le décret de 2011 et notamment de l'article 1507 CPCF, qui n'exige plus aucune forme pour la convention

---

[73] Racine (J-B.) et Siiriainen (F.), «*Droit du commerce international*», p. 440, *op. cit.*

[74] Cass. Civ. 1re, 3 juin 1997, *Prodexport*, Rev. Arb. 1998 p. 537.

internationale, a renforcé la validité des conventions par référence.

Paragraphe 3) **Le contrôle sur l'objet de la convention**

De la question de l'arbitrabilité du litige (a) dépend l'être de la convention d'arbitrage. Ceci ne pourra néanmoins se faire sans considérer la posture du juge face aux critères de la commercialité (b) et de l'internationalité (c) de la convention d'arbitrage international.

a) L'arbitrabilité du litige

22.   Outre l'arbitrabilité subjective relative à l'aptitude à compromettre des personnes morales publiques[75], l'arbitrabilité du litige ou celle objective se rattache aux questions juridiques susceptibles d'être l'objet d'un accord compromissoire. L'idée de base étant de ne pas permettre aux arbitres privés de connaitre des

---

[75] V° *supra, L'aptitude à compromettre de personnes publiques*, p. 14.

domaines qui seraient de la compétence du juge étatique. Autrement dit, les matières arbitrables doivent être celles où les parties ont la libre disposition, approche adoptée par la plupart des législations sur l'arbitrage international[76]. En droit malgache, l'article 453 paragraphe 1 du CPCM prévoit les matières indisponibles dont celles concernant l'ordre public (au sens du droit international privé), la nationalité, celles relatives au statut personnel (sauf les litiges d'ordre pécuniaire en émanant), ceux dont «on ne peut transiger» ainsi que ceux concernant

---

[76] En droit français (article 2059 CC) ; en droit OHADA (article 2 al. 1er AUDA) ; en droit tunisien (article 7-4 du Code tunisien de l'arbitrage). [83] Approche tendant à favoriser l'arbitrage international notamment de rendre arbitrable la plupart des litiges, de considérer la convention d'arbitrage comme valide par principe : v° B. Hanotiau *L'arbitrabilité et la favor arbitrandum : un réexamen*, JDI, 1994. 899.

l'Etat et les personnes publiques (sauf les litiges découlant de rapports internationaux d'ordre économique, commercial ou financier). Cet article, assez exhaustif dans l'énumération mais difficile dans la délimitation en pratique car ouvrant droit à beaucoup de questions sur l'approche conceptuelle actuelle du *favor arbitrandum*[83] au niveau de l'arbitrage international. Il laisse également beaucoup d'ouverture au juge de l'annulation pour ne pas rendre effective la sentence arbitrale même si l'on remarque un enclin récent du prétoire à la résolution compromissoire des litiges[77].

23.   En droit français, l'article 2059 CC dispose que «toutes [les] personnes peuvent compromettre sur les droits dont elles ont la libre

---

[77] V° en ce sens un arrêt de la CA d'Antananarivo, 23 octobre 2003, *Extrade Commodities (pty) Limited c. Tranombarotra Mitsinjo*, n°89 (non publié) : «attendu qu'il est de principe que la procédure d'arbitrage est exclusive de tout recours judiciaire».

disposition» exception faite de «toutes les matières qui intéressent l'ordre public». Le tribunal arbitral ne pouvait dès lors ni appliquer les règles relatives à l'ordre public ni les sanctionner, puisque cette compétence était réservée au juge étatique[78]. Toutefois, la méthode d'édification des règles matérielles du droit de l'arbitrage international[79] édifiée par la haute juridiction française, a fait en sorte qu'un régime favorable à l'arbitrage soit adopté pour la question de l'arbitrabilité parmi lesquelles le fait que l'arbitre puisse appliquer au

---

[78] Racine (J-B.) et Siiriainen (F.), *«Droit du commerce international», op. cit.* p. 434.

[79] Édifiée par la jurisprudence de la Cour de cassation française autour des dispositions des arrêts *Dalico*, préc. et

Uni-Kod pour le principe de l'autonomie de la clause compromissoire (Cass. Civ. 1re, 30 mars 2004, *Bull. civ.* I, n°95) ; v° en ce sens l'article S. Bollée, *Quelques remarques sur la pérennité (relative) de la jurisprudence Dalico et la portée de l'article IX de la Convention européenne de Genève*, JDI, 2006.127.

fond les principes et les règles d'ordre public[80] ou d'en sanctionner la violation en annulant le contrat[81]. L'arbitre ne peut toutefois pas porter atteinte à l'ordre public dans sa sentence. Autant dire que du fait de la jurisprudence, l'arbitrage commercial international voit un rallongement de ses sphères de compétences au détriment du juge étatique et certains auteurs réclament carrément l'abrogation de l'article 2060 du fait qu'on lui a «totalement vidé de sa substance[82]».

---

[80] CA de Paris, 16 février 1989, *Almira*, Rev. Arb. 1989. 711, note L. Idot.

[81] CA de Paris, 29 mars 1991, *Ganz,* Rev. Arb. 199. 478 note L. Idot ; ou en allouant des dommages-intérêts : CA de Paris, 19 mai 1993, *Labinal*, Rev. Arb. 1993. 645, note C. Jarrosson.

[82] Racine (J-B.) et Siiriainen (F.), *Op. cit.* p. 435.

24. «Des ilots d'inarbitrabilité[83]» restent néanmoins présents notamment dans le cadre de la protection des prérogatives de l'autorité publique ou des parties faibles dans l'arbitrage. Il en est par exemple en matière de droit de la concurrence, où il est question de protéger le libre jeu de la concurrence et ainsi de l'ordre public économique. Ailleurs qu'en France, aux Etats-Unis par exemple, la Cour Suprême a déjà reconnu depuis 1985 l'arbitrabilité des litiges relatifs au droit de la concurrence[84]. La jurisprudence française, elle, n'a reconnu l'arbitrabilité des litiges relatifs au droit communautaire de la concurrence que tardivement en

---

[83] *Id.*

[84] Notamment en droit antitrust: v° en ce sens, Robert (J.), *Une date dans l'extension de l'arbitrage international : l'arrêt Mitsubishi contre Soler*, Rev. Arb., 1986, 173.

1993[85]. La concurrence, en particulier, et le droit en général posent également la question de l'arbitrabilité du régime protecteur de la partie faible. En effet, celui-ci se fonde sur le fait que dans le monde conflictuel des relations juridiques, il faudrait «éviter de profiter de la situation de faiblesse du travailleur [ou du consommateur] pour lui imposer une dérogation à la justice de proximité[86]» qu'est le tribunal du domicile du travailleur[87]. Le droit du travail reste ainsi l'un des domaines où l'arbitrage ne serait pas le mode «normal» de règlement des litiges

---

[85] CA de Paris, 19 mai 1993, *Labinal,* préc.

[86] V° en ce sens Meyer (P), *Droit de l'arbitrage OHADA, Op. cit.* p.106.

[87] Le droit malgache du travail retient une option disponible pour le salarié soit le tribunal du lieu du travail soit celui de son domicile soit celui du domicile de son employeur (article 208 de la Loi n°2003-044 du 28 juillet 2004 portant code du travail de Madagascar, JORM n°2956 du 21 février 2005).

même si sur certaines questions il arrive qu'il devienne obligatoire, l'on parle alors d'«arbitrage forcé». Il en est par exemple des dispositions du droit du travail malgache lorsqu'il admet que l'arbitrage devrait être obligatoire pour résoudre les conflits conflictuels de travail[88] si les autres

---

[88] Sur la définition des conflits conflictuels de travail, v° les articles 209 et ss. du Code de travail malgache «Un conflit, pour qu'il soit collectif, doit répondre à deux caractéristiques : – la présence d'un certain nombre de travailleurs constitués en un groupement de droit ou de fait ; – l'existence d'un intérêt collectif traduit par des revendications précises». Les articles 220 à 227 du Code de travail prévoient en ce sens les modalités de l'arbitrage obligatoire et comme mode ultime de résolution des conflits collectifs d'entreprises puisque la sentence arbitrale rendue par le conseil d'arbitrage est contrairement à celle de l'arbitrage commercial insusceptible de recours puisqu'elle «est finale et sans appel» (article 225). Cette disposition a fait l'objet de critiques en dehors comme à l'intérieur des prétoires si bien que sa constitutionnalité a été soulevée et notamment quant à sa conformité à la Constitution malgache de 2010. Le juge constitutionnel saisie de l'exception d'inconstitutionnalité n'a pourtant pas adhéré à la remise en compte de cet article du Code de travail

méthodes, elles aussi obligatoires – la négociation puis la médiation, auraient été infructueuses. La jurisprudence française néanmoins, influencée par l'effort prétorien de rendre efficace la convention d'arbitrage a assoupli cette interdiction en considérant que la clause compromissoire dans un contrat de travail international établit un droit d'option – assimilable au régime de l'acte mixte en droit commercial - au profit du salarié, de choisir entre les tribunaux étatiques ou le tribunal arbitral s'il est demandeur dans l'action[89], droit que ne possède pas

---

(Décision n°01-HCC/D2 du 21 octobre 2015 relative à des requêtes aux fins d'exception d'inconstitutionnalité de l'article 225 alinéa 2 du Code de travail : http://www.hcc.gov.mg/decisions/d2/decision-n-01-hccd2-du-21-octobre-2015-relative-a-des-requetes-aux-finsdexception-dinconstitutionnalite-de-larticle >consulté le 29/04/2017).

[89] Cass. Soc. 9 octobre 2001, Rev. Arb. 2002.347, note T. Clay; Cass. Soc. 28 juin 2005, D. 2005.3052, obs. T. Clay; pour une étude approfondie, T. Clay, *L'arbitrage, justice du travail* in M. Keller (dir.),

l'employeur qui devra l'intenter devant le juge étatique exclusivement. En ce qui concerne le droit de la consommation, la protection du consommateur n'est pas aussi concrète que l'est la question en droit de travail, du moins avant 2016. Auparavant, en effet, de par le principe de la compétence-compétence[90], le juge renvoie le consommateur qui le saisit en premier au tribunal arbitral qui serait compétent pour connaitre de l'arbitrabilité du litige en matière de droit consumériste. Le consommateur devra ainsi suivre la procédure arbitrale et plus tard lors du contrôle de la sentence par le juge étatique en invoquer l'annulation pour défaut de

---

Procès du travail, travail du procès, LGDJ, 2008, p. 99.

[90] Cass. Civ. 1ere, 21 mai 1997, *Jaguar, Rev. Arb.* 1997.537, note E. Gaillard ; Cass. Civ. 1re, 30 mars 2004, *Rado,*
Rev. Arb. 2005.115, 1re esp., note X. Boucobza ; sur la discussion du principe *Kompetenz-Kompetenz*, v° *infra*

disponibilité du droit litigieux. Il est à noter qu'en matière d'arbitrage interne en France, néanmoins, la clause compromissoire, par l'application de l'article 2061 CC, dans un contrat entre un consommateur et un professionnel est invalide et est même considérée comme étant une clause abusive[91].

---

[91] Décrite comme celle «figurant dans un contrat conclu entre un professionnel et un non-professionnel ou consommateur qui a pour objet ou pour effet de créer au détriment du non-professionnel qui a pour objet ou pour effet de créer au détriment du non-professionnel ou consommateur un déséquilibre significatif entre les droits et obligations des parties au contrat. Une telle clause est réputée non écrite», *Lexique des termes juridiques* sous la direction de S. Guinchard et T. Debard, *op. cit.* p. 169. L'article 2 paragraphe 10 du décret n°2009-302 du 18 mars 2009 portant application de l'article L.132-1 du code de la consommation (JORF n°0067 du 20 mars 2009 n°14) reconnait la clause compromissoire entre un professionnel et un consommateur comme étant une clause abusive dans la liste *grise* c'est-à-dire simplement présumées abusives laissant au professionnel la possibilité d'apporter la preuve du caractère non abusif de la clause litigieuse.

Cette approche a été modifiée par l'intervention de la loi n° 2016-1547 du 18 novembre 2016[92] de «modernisation de la justice du XXIème siècle» et particulièrement dans son article 11 qui admet dorénavant la validité de l'accord compromissoire dans tous les contrats même entre professionnel et consommateur sous la condition de la possibilité d'opposabilité de ce dernier. Le consommateur aura ainsi le choix de comparaitre devant le tribunal arbitral ou devant le juge de droit commun[93][94]. En droit comparé, une autre approche a été adoptée par le législateur mauricien – inspiré par le projet de l'ancienne ile de France d'être la référence de l'arbitrage international en Afrique - en

---

[92] V° JORF n°0269 du 19 novembre 2016 n°1.

[93] Ces dispositions du droit de l'arbitrage interne sont applicables aux clauses conclues après le 20 novembre

[94] , date d'entrée en vigueur de la loi ; v° en ce sens l'article de l'avocate parisienne du cabinet CMS Bureau Francis Lefebvre, E. Flaicher-Maneval, *La clause d'arbitrage prend de l'ampleur*, février 2017, lexplicite.fr/clause-arbitrage-prend-ampleur >consulté le 29/04/2017.

validant la convention d'arbitrage en droit de la consommation sous la condition que le consommateur l'ait certifié et y ait consenti par écrit distinct conclu postérieurement au litige, et qu'après l'avoir lu et compris[95].

b) La commercialité dans les relations entre les parties

25. Le caractère commercial de l'arbitrage en droit malgache ressort des dispositions de l'article 452 du CPCM qui correspondrait aux «questions issues de toute relation de caractère commercial, contractuelle ou non contractuelle». Cette définition ressort de l'interprétation de l'article 1er de la Loi-type dans sa note sub-paginale et aussi de la réserve de commercialité que Madagascar a soulevé lors de la ratification de la Convention de New

---

[95] *Section 8* du *Mauritian International Arbitration Act*: «*the arbitration agreement shall be enforceable against the consumer only if the consumer, by separate written agreement entered into after the dispute has arisen, certifies that, having read and understood the arbitration agreement, he agrees to be bound by it*».

York en 1962[96]. La loi malgache considère ainsi comme activités susceptibles d'être considérés comme étant commerciales celles impliquant notamment les échanges de biens, de services ou de valeurs. L'inexhaustivité de l'énumération de ces opérations[97] pourrait ainsi inclure un certain nombre d'activités conçues de manière large mais dont le dénominateur commun serait ainsi qu'elles recouvrent des activités économiques de production et de circulation des biens et services. C'est en ce sens que certains Etats de l'espace OHADA ont interprété la

---

[96] V° en ce sens, Ranjeva (F.), *Les nouvelles règles de l'arbitrage à Madagascar*, Revue Camerounaise de l'arbitrage n°6, Juillet-Aout-Septembre 1999, p. 8.

[97] Article 452 al. 3 du CPCM : «Le terme " commercial ", au sens du présent titre, désigne les questions issues de toute relation de caractère commercial, contractuelle ou non contractuelle. Sont considérés comme commerciaux, tous les échanges de biens, de services ou de valeurs, notamment toutes les relations économiques ayant pour objet la production, la transformation et la circulation des marchandises, les prestations de services qui s'y rattachent et les activités financières et bancaires».

commercialité de l'arbitrage sur le point de vue procédural en ce que l'arbitrage serait commercial s'il se fonde sur des matières relevant de la compétence de la juridiction commerciale[98], approche qui découle de l'ancien droit français en matière compromissoire[99] et notamment de la règle selon laquelle la clause d'arbitrage était interdite en matière civile. Le point essentiel de la question de la commercialité est essentiel afin de savoir si l'arbitrage international est civil ou commercial. Dans le premier cas, au regard du droit malgache[100], dès lors, le litige

---

[98] V° en ce sens Meyer (P.), *Droit de l'arbitrage OHADA, Op. cit.* pp.35 ss.

[99] La plupart de ces pays anciennement colonies françaises ont repris dans leur droit positif la loi du 31 mai 1925 qui autorise la clause compromissoire pour les seuls litiges relevant des juridictions commerciales.

[100] En arbitrage interne, la commercialité n'est pas une preuve de la validité de l'objet de l'arbitrage même si l'on peut penser que les matières non arbitrables relèvent en majorité du domaine du droit civil (état des personnes, nationalité). Mais tout ce qui concerne l'ordre public en arbitrage interne – non arbitrable par essence - ne relève pas forcément du droit civil

ne sera pas régi par la partie du CPCM traitant de l'arbitrage commercial international. Cette approche est similaire au droit français même si la détermination juridique du critère de commercialité du droit malgache n'est pas celui adoptée par le décret de 2011 en France qui adopte une conception économique en énonçant les «intérêts du commerce international[101]» en intégrant en même temps le concept commercial et le critère d'internationalité de l'arbitrage. Certaines législations voulant éviter cette dichotomie ont écarté la distinction entre arbitrage civil et commercial en uniformisant les règles légales sur l'arbitrage par un régime moniste, tel par

---

notamment le droit du travail, le droit répressif ou le droit des procédures collectives.

[101] Article 1504 du CC : «Est international l'arbitrage qui met en cause des intérêts du commerce international».
L'étude de la question du commerce international est approfondie à la partie sur le caractère international de l'arbitrage, p.25.

exemple est le cas du droit OHADA[102]. D'autres pays ne reprennent plus dans l'énoncé de leurs lois la notion d'arbitrage commercial international, l'élément commercial étant accessoire par rapport à celui plus important d'internationalité[103].

---

[102] Article 1er de l'AUDA : «le présent acte uniforme a vocation à s'appliquer à tout arbitrage…».

[103] Il en est par exemple de la posture du législateur mauricien qui, dans les travaux préparatoires pour l'adoption du *Mauritian International Arbitration Act* en 2008, explique que dans le dessein de promouvoir *«un nouveau domaine de services»* que constitue l'arbitrage international, la loi mauricienne serait applicable à *«tous les arbitrages internationaux»* au lieu des seuls arbitrages commerciaux. Ainsi, y seraient inclus par exemple *«les différends entre actionnaires relatifs aux statuts d'une société ou les arbitrages en matière d'investissement entre un Etat et un investisseur»*. Cette approche – similaire pour beaucoup de pays du *common law* - est cohérente avec le fait que l'île Maurice n'a pas mis de réserve de commercialité lors de son accession assez tardive à la Convention de New York – en 1996 : v° en ce sens *The Mauritian International Arbitration Act 2008, Text and Materials Updated 2016 edition, English text edited by the Government of the Republic of Mauritius.*

c) Le caractère international de l'arbitrage

26. Il arrive que les relations entre les parties à un arbitrage ou leur litige ainsi que le régime de leur résolution relève de plus d'un Etat ou comme pour paraphraser l'une des préceptes du droit international privé, d'un «élément d'internationalité». Le droit malgache de l'arbitrage précise les critères de l'internationalité de l'arbitrage dans l'article 452 paragraphe 1 du CPCM dans l'un des cas suivants : 1° si les parties à une convention d'arbitrage ont, au moment de la conclusion de ladite convention, leur établissement dans des Etats différents ; ou 2° si un des lieux ci-après est situé hors de l'Etat dans lequel les parties ont leur établissement : a) le lieu de l'arbitrage, s'il est stipulé dans la convention d'arbitrage ou déterminé en vertu de cette convention ; b) tout lieu où doit être exécuté une partie substantielle des obligations issues de la relation commerciale ou le lieu avec lequel l'objet du différend a le lien le plus étroit ; 3° si les parties sont convenues expressément que l'objet de la convention d'arbitrage a des liens avec plus d'un pays ; 4° d'une manière générale si l'arbitrage concerne

le commerce international notamment lorsqu'il s'établit entre les parties des transferts d'intérêt de service de fonds ou de capitaux par-dessus une frontière[104]. Cette énumération est similaire à celle adoptée par la Loi-type de la CNUDCI exception faite du dernier alinéa qui établit une définition économique – et plus synthétique - de l'arbitrage en se référant à la notion de commerce international. La conception économique est celle adoptée par le droit français au travers de sa jurisprudence sur le contrat international[111] et consacré par l'article 1504 CPCF qui parle en ce sens pour caractériser l'arbitrage international de celui qui «met en cause les intérêts du commerce international[112]» même si auparavant la combinaison de ces deux critères a été admise afin de constituer «un faisceau d'indices apte

---

[104] La loi malgache de l'arbitrage comme le Code tunisien de l'arbitrage international (v° en ce sens l'article 48) retient ainsi les critères juridiques de l'internationalité de l'arbitrage (de la Loi-type CNUDCI) et la conception économique provenant de la jurisprudence française. A noter que l'on remarque beaucoup de similitudes entre les

à révéler le caractère international du contrat[113]». Il en ressort dès lors que le contrat international est entendu dans sa conception économique comme celui qui recouvre «une opération impliquant un mouvement de biens, de services ou un paiement à travers les frontières ou intéressant l'économie (ou seulement la monnaie) de deux pays au moins[114]». Ainsi, de cette détermination du caractère international découle la dichotomie entre arbitrage interne et arbitrage international - sans nul doute le *summa divisio* du droit de l'arbitrage. Ces deux formes d'arbitrage relèvent de régimes différents, soulignées aussi bien en droit malgache qu'en droit français et ce dernier a même établit sous l'influence d'une pensée favorable à l'arbitrage, des règles matérielles d'origine légale et jurisprudentielle pour le règlement de l'arbitrage international. Ces règles sont ainsi plus libérales que celles de l'arbitrage interne même si celui-ci tend également à suivre l'exemple de l'arbitrage
international. Mais la posture du juge de l'annulation de la sentence arbitrale est droits malgache et tunisien de l'arbitrage, soulevé par Ranjeva (F.) dans son article, *Les*

nouvelles règles de l'arbitrage à Madagascar, préc. intéressante en ce sens qu'il revient à lui de qualifier l'internationalité de l'arbitrage convenu par les parties et affirmé ou confirmé par le tribunal arbitral. Il a ainsi été admis par un arrêt français de 2013 que les parties ne pouvaient de leur volonté déterminer dans la clause compromissoire le régime interne ou international de l'arbitrage. Il s'agissait ainsi pour les parties de permettre qu'elles choisissent elles-mêmes les voies de recours qui sont différents selon le régime de l'arbitrage mais qui sont d'ordre public[105]. La

---

[105] Cass. Civ. 1ʳᵉ, 20 novembre 2013, *Saica Pack France c/ Automation Group*, Rev. Arb. 204, 383, note D.

Bureau ; v° également les notes sur cette décision par l'avocat parisien, Benoit Le Bars, *De l'impossibilité pour les parties d'opter pour le régime interne de l'arbitrage en cas d'arbitrage international, id.* ; v° également l'article de Jerbi (S.), *La requalification par le juge étatique de la nature interne ou internationale de l'arbitrage,* in *Le juge et l'arbitrage*, Actes du colloque organisé à Tunis du 25 au 26 Avril 2013 sur le XXème anniversaire du Code tunisien de l'arbitrage, éd. A. Pedone, 2014, pp. 155.

jurisprudence malgache a également eu l'occasion de préciser le rôle du juge en matière de qualification du régime international de l'arbitrage en dégageant que celui-ci devait mettre en jeu des intérêts du commerce international – reprenant par la même occasion les termes de la jurisprudence constante française[106].

20. Le critère de l'internationalité pose également la question de la distinction entre l'arbitrage étranger et l'arbitrage national,

---

[106] Cour de cassation de la Cour Suprême de Madagascar, toutes chambres réunies (civile, commerciale et sociale), 11 octobre 2011, *Société Ventaclub c. Société Emeraude Consultadoria E. Servicos LDA* : «attendu tout d'abord le caractère international de l'arbitrage en cause, puisque mettant en cause des *intérêts du commerce international* ; qu'il importe par ailleurs de souligner que les parties ont-elles-mêmes régler le problème de la loi du fond en choisissant l'application du droit français ; que la règle générale de droit international privé, de renvoi à la loi du lieu conformément à l'adage *locus regit actum* n'a qu'un caractère purement supplétif, puisque le principe d'autonomie de la clause compromissoire consacre son indépendance à l'égard de la loi interne applicable à la convention».

différenciation basée selon le lieu de l'émission de la sentence. Ainsi, l'arbitrage qui se déroulerait en France – qu'il soit interne ou international - sera étranger par rapport au juge malgache. De ce fait, le juge malgache aura à se référer à la Convention de New York pour reconnaitre et exécuter la sentence étrangère[107]. Etant donné que le CPCM de Madagascar ne précise pas spécifiquement ce qu'il fallait entendre par sentence arbitrale étrangère, c'est donc à bon escient que l'article 1er de la Convention de New York s'y est attelé en disposant que les sentences étrangères sont celles qui sont «rendues sur le territoire d'un Etat autre que celui où la reconnaissance et l'exécution des sentences sont demandées, et issues de différends entre personnes physiques ou morales». Ce sont également «les sentences arbitrales qui ne sont pas considérées comme sentences nationales» dans le pays où la procédure de reconnaissance et d'exécution est engagée.

---

[107] Une discussion plus approfondie du sujet sera faite *infra* au chapitre sur l'exécution de la sentence arbitrale. Les dispositions de la Convention de New York en la matière ont été également reprises par le CPCM puisque Madagascar en est partie.

Dès lors, outre le fait donc que la Convention de New York vise une uniformisation des règles ainsi qu'une limitation des «griefs[108]» qui pourraient se poser lors de la reconnaissance et de l'exécution de la sentence, elle établit également un reversement de la charge de la preuve. La sentence arbitrale étant par principe valide, c'est donc à la partie qui s'oppose à son exécution de prouver son invalidité, après que le bénéficiaire ait produit devant le juge de l'*exequatur* la sentence et la convention d'arbitrage[109]. Il est aussi important de souligner que la Convention de New York de 1958 dans son article 7-1er fait primer de ses dispositions les traitements plus favorables à la reconnaissance et l'exécution des sentences qui seraient dans le droit positif des pays signataires.

Section 2. Le contrôle extrinsèque de la convention d'arbitrage

---

[108] V° en ce sens Meyer (P.) *Droit de l'arbitrage OHADA, Op. cit.* p.69-71.

[109] Article 464 du CPCM.

21. De la validité intrinsèque de la convention d'arbitrage, la posture du juge dans l'arbitrage international se trouve de plus en plus restreinte d'autant plus que les règles juridiques de l'arbitrage ont dorénavant assimilé la règle de l'autonomie de la convention d'arbitrage – que ce soit à l'égard du contrat principal (Paragraphe 2) que du droit national (Paragraphe 3) - et la compétence d'office du tribunal arbitral (Paragraphe 1).

Paragraphe 1) L'intervention du juge en matière de compétence du tribunal arbitral

22. La limitation du pouvoir du juge étatique en matière arbitral se manifeste par le pouvoir de l'arbitre de statuer lui-même sur sa compétence (a) sans toutefois éluder le fait que le contrôle judiciaire sur cette compétence n'est certes pas complètement inexistant, mais juste reporté (b).

a) L'incompétence d'office du juge devant le tribunal arbitral

23. Ainsi, l'arbitrage entrainant la transmission de la fonction

juridictionnelle du juge étatique à l'arbitre, il apparait dès lors évident que ce dernier bénéficie des pouvoirs habituellement accordés au juge dont celui de connaitre de sa propre compétence. L'on parle en ce sens de principe de compétence de la compétence vu aussi bien dans son sens positif que négatif. Au sens positif du terme, ce serait le principe qui permettrait «aux arbitres de connaitre des litiges tombant dans le champ d'application de la convention d'arbitrage[110]». Dans le sens négatif, il est entendu comme celui qui interdirait «aux juridictions étatiques de se prononcer sur ces mêmes litiges». Ce principe apparait ainsi comme une transposition de la règle en droit processuel selon lequel tout juge

---

[110] David (R.), *L'arbitrage dans le commerce international*, Economica 1982, n° 232, cit. par E. Gaillard, *L'effet négatif de la compétence-compétence* in *Etudes de procédure et d'arbitrage en l'honneur de Jean-François Poudret*, recueil de la Faculté de droit de l'Université de Lausanne, 1999, pp. 387-402.

est juge de sa compétence, applicable devant les juridictions étatiques. Autrement dit, l'arbitre se mettant à la place du juge agira ainsi pour caricaturer les processualistes, en se posant la question de «la division du travail judiciaire : moi ou un autre[111]», privilège qui auparavant, soit avant le début des années 1980 pour le droit français[112], appartenait à la seule justice étatique, le tribunal arbitral devant s'y conformer[113]. Mais avant d'avoir inspiré les auteurs, le juge ainsi que le législateur français

---

[111] Cit. par Guinchard (S.), Ferrand (F.) et Chanais (C.), *Procédure civile, droit interne et droit communautaire*, 29ᵉ éd., Dalloz 2008 p.303; P. Théry, note Rev. Arb. 2002, 371.

[112] Reconnu par l'article 26 du décret n° 80-354 du 14 mai 1980, intégré au Code de procédure civile à l'article 1466, repris dans des termes quelque peu différents par l'actuel article 1465 CPCMF tel qu'il résulte du décret de 2011.

[113] Boucaron-Nardetto (M.), *Le principe compétence-compétence en droit de l'arbitrage,* Thèse pour l'obtention de Doctorat en droit, Université de Nice-Sophia Antipolis, J-B Racine (dir.), 2011 p.37.

– en connaissant au passage une francisation du terme- le principe s'est initialement développé dans les écoles de pensée allemandes du XIXème siècle[114] sous le terme de «Kompetenz-Kompetenz» reconnu en droit germanique comme «le pouvoir des juridictions allemandes de statuer sur leur propre compétence, sans que les autres pouvoirs, législatif et exécutif, ne puissent s'immiscer dans cette délimitation[115]». Le principe compétence–compétence permet ainsi une efficacité du processus arbitral en supprimant les blocages intempestifs constitutifs de «manœuvres dilatoires» de la poursuite de l'instance quand le droit d'invoquer l'exception d'incompétence aurait été abusivement soulevé[116]. Autre intérêt de

---

[114] Constantinesco (V.) et Pierre-Caps (S.), *Droit constitutionnel,* 4ᵉ éd., PUF, 2009, p. 16, n° 18. cit. par BoucaronNardetto (M.), préc. p.10 ; en ce sens que le principe a été développé initialement en matière de droit constitutionnel allemand notamment en matière de souveraineté de l'Etat.

[115] Boucaron-Nardetto (M.), préc. p.11.

[116] En droit malgache: en matière d'exception d'incompétence du tribunal arbitral soulevée pendant

cette règle, le juge arbitral pourra de lui-même délimiter ses sphères de compétence sur la base de la convention d'arbitrage, évitant de ce fait que la juridiction étatique et la justice arbitrale se saisissent en même temps d'un même litige avec le risque qu'elles statuent en sens opposé. Afin de pallier à ces saisines parallèles, différentes approches ont été adoptées par les textes aussi bien nationaux qu'internationaux. La Convention de New York[117] par exemple autorise le juge d'Etat (ou plus précisément d'un Etat contractant) à apprécier la compétence arbitrale. Les juridictions américaines, elles, recourent occasionnellement aux injonctions *antisuit*[118].

---

la procédure arbitrale devant les juridictions étatiques, en occurrence la CA d'Antananarivo, la loi sur l'arbitrage dispose que «dans l'attente de cette décision, la procédure arbitrale se poursuit» (article 455 paragraphe 3 du CPCM).

[117] Article II(3) de la Convention de New York.

[118] Selon Emmanuel Gaillard, les injonctions *anti-suit* auraient pour dessein d'«interdire aux parties de saisir les juridictions d'un autre pays, ou si elles l'ont déjà fait de leur ordonner de se désister de cette procédure

Ces exemples ont ainsi recueilli de manière hésitante le fait d'octroyer à des instances arbitrales le pouvoir initial de juger de la compétence en matière d'arbitrage international. D'autres pays, notamment la France, influencées par le courant de pensées favorable à la place de l'arbitrage dans la résolution des litiges, initièrent le pouvoir juridictionnel de l'arbitre de connaitre de sa compétence et ainsi en consacrant le principe compétence–compétence.

24. La conception positive du principe de la compétence–compétence impliquant que le tribunal arbitral puisse se saisir d'office pour connaitre de sa compétence en présence d'une convention d'arbitrage

---

ou de la suspendre» in E. Gaillard, *Il est interdit d'interdire : réflexions sur l'utilisation des anti-suit injunctions dans l'arbitrage commercial international*, Rev. Arb. 2004, n°1 p. 48. La règle de l'injonction *anti-suit* a été reconnue pour la première fois dans le droit du *common law* par l'arrêt *Cohen v. Rothfield* [1919] 1 K.B. 410, dans lequel une cour d'appel anglaise imposa à une partie de se désister d'une action introduite en Ecosse.

a été reconnue en droit français bien avant la réforme de 2011 et cela par le biais de la jurisprudence[119], et réaffirmée par le décret de 2011 en même temps que l'effet négatif du principe[120]. L'article 1465 CPCF dispose ainsi que «le tribunal arbitral est seul compètent pour statuer sur les contestations relatives à son pouvoir juridictionnel». A Madagascar, le CPCM dans son article 45 paragraphe

---

[119] Notamment en matière d'arbitrage interne : v° TC, 19 novembre 1972, Rev. Trim. Dr. Com. 1972, p.344, os. Boitard et Dubarry : le tribunal déclina sa compétence en énonçant que «comme toute juridiction, les arbitres sont juges de leur compétence et il leur appartient de statuer sur l'existence ou la validité de la clause compromissoire qui les désigne».

[120] Le principe est ainsi réaffirmé par le décret de 2011 aussi bien dans son aspect négatif à l'article 1448 que positif dans l'article 1465 CPCF, avec une formulation plus précise que l'ancien article 1466 : pour une étude plus approfondie des dispositions du décret de 2011, v° l'article de E. Gaillard, *Le nouveau droit français de l'arbitrage interne et international,* Etudes et commentaires chronique Arbitrage, Recueil Dalloz 2011, n°3, p.175-192.

1er prévoit également que «le tribunal arbitral statue sur sa propre compétence, y compris sur toute exception relative à l'existence ou à la validité de la convention d'arbitrage». Au niveau international et régional, les principales conventions telles que la Loi-Type du CNUDCI (article 16.1), la Convention de Genève de 1961 (article V.3) ainsi que le droit OHADA (article 11 al. 1er de l'AUDA) vont dans le même sens que les dispositions internes même si la Convention de New York, d'une importance internationale, ne prévoit pas spécifiquement l'effet positif du principe compétence– compétence au profit de son effet négatif[121]. Le principe a pour conséquence que l'arbitre puisse connaitre non seulement du fond du litige mais également des mesures provisoires ou conservatoires comme reconnu en

---

[121] Cela s'avère être compréhensible étant donné le fait que la Convention de New York s'adresse plus aux juridictions étatiques et non aux tribunaux arbitraux.

droit malgache par l'article 456 du CPCM. Bien antérieurement à la reconnaissance législative, le principe de la compétence–compétence s'est imposé au niveau jurisprudentielle en tant que principe général du droit de l'arbitrage et la haute juridiction française a ainsi reconnu qu'«il appartient à l'arbitre de statuer sur sa propre compétence[122]». Ce pouvoir reconnu du tribunal arbitral envers le pouvoir juridictionnel du tribunal étatique n'est toutefois pas entier puisque la sentence arbitrale pour être entièrement efficace reste soumise – soit a priori, contrôle tendant à s'amenuiser du fait du principe de validité de la convention compromissoire, soit a posteriori lors du contrôle du recours en annulation.

25. Le principe compétence–compétence sous-tend également une

---

[122] Cass. Civ. 1ʳᵉ, 5 janvier 1999, *Marco Zanzi c. de Conick*, Rev. Arb. A, 1999, 260, note P. Fouchard ; Cass. Civ. 2ᵉ, 18 décembre 2003, *Sté La Chartreuse*, Bull. II, n° 393, p.325.

approche négative du pouvoir juridictionnel du juge étatique en ce sens que ce dernier est ainsi tenu par une obligation de ne pas faire, de «ne pas juger» lorsqu'un litige entre dans le champ d'application d'une convention d'arbitrage valable. Cela pourrait s'interpréter pour certains comme un déni de justice[123]. Toutefois, cela ne pourrait être le cas puisque même si le juge étatique est dessaisi en présence d'une convention d'arbitrage non manifestement nulle, opérante et susceptible d'être exécutée, le tribunal arbitral sera destiné à connaitre du litige. Et ainsi le

---

[123] En droit malgache, l'«obligation de juger» est prévue par l'article 11 de l'Ordonnance n°62-041 du 19 Septembre 1962 relative aux dispositions générales de droit interne et droit international privé (JORM n°244 du 28 Septembre 1962, p.1989) : «Aucun juge ne peut refuser de juger un différend qui lui est soumis, sous quelque prétexte que ce soit (…)». L'article 54 du CPCM prévoit également qu'«il y a déni de justice lorsque les juges refusent de répondre aux requêtes ou négligent de juger les affaires en état ou en tour d'être jugées».

droit du justiciable à être entendu pourra se concrétiser, d'autant plus que de sa volonté propre, matérialisée par la convention d'arbitrage, les parties peuvent choisir elles-mêmes le juge ainsi que les règles applicables à la résolution des litiges sur la procédure[124] et le fond du droit applicable. C'est en ce sens que l'article 453 paragraphe 3.1 du CPCM dispose que le juge étatique saisi «d'un litige faisant l'objet d'une convention d'arbitrage renverra les parties à l'arbitrage (…) à moins que ladite convention [soit] manifestement nulle, inopérante ou non susceptible d'être exécutée». Cet article va dans le sens du libellé de l'article 8 paragraphe 1 de la Loi-type du CNUDCI, lui-même inspiré de l'article II paragraphe 3 de la Convention de New York qui, selon certaines législations ayant repris intégralement ses dispositions, ne permettaient au juge étatique saisi du

---

[124] Article 458 du CPCM.

fond de n'exercer qu'un contrôle *prima facie* c'est à dire que le contrôle de la convention se limitait à la constatation de sa caducité ou de son inopérabilité qui ferait apparaitre ces «tares» comme «évidente[s] sans qu'il soit nécessaire d'approfondir la question[125]». De cette admission transnationale de l'effet négatif du principe compétence–compétence, néanmoins, des courants transfuges apparaissent notamment des dispositions du droit américain et du droit allemand[126]. Le droit français,

---

[125] Tribunal Fédéral Suisse, 29 avril 1996, *Fondation M. c/ Banque X*, ATF 122 III 139, cit. par E. Gaillard, *L'effet négatif de la compétence-compétence*, préc. p. 393.

[126] L'article 1032 du ZPO allemand prévoit qu'«avant la constitution du tribunal arbitral, le tribunal peut être saisi d'une action afin de voir constater l'admissibilité ou [non] du règlement du litige par voie d'arbitrage ». Ce texte permet ainsi expressément au juge étatique de trancher la question de la compétence de l'arbitre et non plus simplement un examen *prima facie*.

lui, s'est toujours affirmé favorable à l'arbitrage y compris du principe de compétence– compétence ainsi que de la posture négative que devrait avoir le juge étatique face à un accord compromissoire. La Cour de cassation française a ainsi forgé au fil des années la limite de l'action des juridictions étatiques en affirmant par exemple que la Cour d'appel de Bordeaux, qui «n'était pas saisie du litige soumis au tribunal arbitral (…) devait laisser l'arbitre statuer sur sa propre compétence[127]». La réforme de 2011 a fini de parachever la reconnaissance de l'effet négatif de la compétence– compétence en France par les dispositions de l'article 1448 CPCF[128].

b) L'intervention du juge étatique en matière de compétence arbitrale

---

[127] Arrêt *Marco Zanzi*, préc.

[128] Art. 1448 : « Lorsqu'un litige relevant d'une convention d'arbitrage est porté devant une juridiction de l'Etat,

26.   Ne pas admettre une troisième
voie, entre les effets négatif et positif
du   principe   de   compétence–
compétence, ce serait dit-on «accepter
un monisme arbitral[140]». Ici se pose
ainsi la question du pouvoir du juge
étatique en matière de compétence
arbitrale, ce que l'on pense comme
étant l'effet positif de la compétence–
compétence des juridictions étatiques
selon la thèse de M. Boucaron-
Nardetto[141]. Le juge peut-il dès lors
connaitre lui-même de la matière de la
compétence sans forcément s'effacer
devant une convention d'arbitrage ?
Cette intervention du juge se produit
en deux temps, soit au seuil du procès
soit lors du contrôle de la sentence en
cas de recours en annulation.
27.   Selon l'article 453 paragraphe
3 al.1er du CPCM, quand un litige
faisant l'objet d'une convention
d'arbitrage est porté devant la
juridiction étatique, cette dernière
devra se déclarer incompétente sur
l'exception d'incompétence soulevée
devant elle sans avoir la possibilité de

statuer elle-même sur son incompétence. Les dispositions du droit de l'arbitrage malgache sur l'exception d'incompétence, autant que pour le droit français par l'article 1448 CPCF, sont donc applicables pour l'action qui devra être soulevée *in limine litis* soit avant les défenses au fond. Néanmoins, le juge étatique pourra se déclarer toujours compétent dans cette situation si la convention serait «manifestement nulle, inopérante ou non susceptible d'être exécutée». Il en est par exemple du nonrespect des exigences formelles de la convention d'arbitrage requises par le CPCM[142] et le juge étatique ne devra, ici, procéder qu'à un examen extrinsèque. Le droit OHADA dont les termes de l'article 13 de l'AUDA[143] se rapproche de ceux du droit malgache tend à interpréter restrictivement la notion de nullité manifeste[144] en ce sens que chaque celle-ci se déclare incompétente sauf si le tribunal arbitral n'est pas encore saisi et si la convention d'arbitrage est manifestement nulle ou manifestement inapplicable. La juridiction de l'Etat ne peut relever d'office son incompétence. Toute stipulation contraire au présent article est réputée non écrite».

Cela aura ainsi pour conséquence qu'une clause compromissoire insuffisante – car obscure, ambiguë ou incompatible avec d'autres clauses du contrat principal, ne serait pas manifestement nulle, du fait de l'admission du principe d'autonomie de la convention d'arbitrage mais également parce que la nullité, selon Pierre Meyer, ne devrait souffrir d'aucune interprétation[129]. Elle devra être «immédiate, directe et univoque». En droit malgache, lorsque le tribunal arbitral a été déjà saisi, les parties disposent également d'un droit d'agir en exception d'incompétence qu'elles peuvent soulever devant le tribunal arbitral. Selon l'article 455 paragraphe 3 du CPCM, une partie pourra sur requête à la CA d'Antananarivo, demander dans un délai de

---

[129] Meyer (P.), *Op. cit.*

trente jours suivant la date de notification par le tribunal arbitral, si celui-ci a rendu une sentence préalable en ce sens, demander de rendre une décision sur la question de la compétence arbitrale. La juridiction de fond devra alors statuer en ce sens dans un délai ne dépassant pas plus de trois mois à partir de la date de dépôt de la demande. Néanmoins, cette procédure prévue par le CPCM ne suspendra pas la procédure arbitrale.

28. Au-delà de cette immixtion au seuil de l'instance arbitrale, la compétence du tribunal arbitral se pose également lors du contrôle postérieur des juridictions étatiques sur la sentence arbitrale soit dans le cadre de la procédure d'exequatur visant à assurer la force exécutoire de celle-ci, soit dans le cadre de recours en annulation. En effet, le prononcé de la sentence arbitrale par le tribunal arbitral entraine d'office un dessaisissement de ce dernier et les parties bénéficient en ce sens d'un recours en annulation de la sentence sous les conditions de preuve de l'invalidité de la convention d'arbitrage[130], de nonrespect des règles de procédure en matière de

---

[130] Article 462 paragraphe 2 du CPCM.

contradiction notamment lors de la nomination de l'arbitre, de dépassement de la mission arbitrale par le tribunal arbitral ou encore de la non-conformité aux règles légales de constitution du tribunal arbitral. En outre, la cour d'elle-même pourra annuler la sentence internationale au cas où le litige ne serait pas arbitrable ou que la sentence serait manifestement contraire à l'ordre public international. Etant entendu qu'en principe, les juridictions étatiques ne connaissent pas du fond du litige lors du recours en annulation, ces cas d'ouverture permettent au juge d'intervenir dans le travail arbitral de l'arbitre et de cautionner ou non sa compétence en la matière. Mais il en serait autrement si les parties pouvaient renoncer au recours en annulation d'elles-mêmes lors des phases pré ou post arbitrales. Dans ce cas, le contrôle du juge sur la compétence arbitrale ne serait pas entier. Face à cela, le droit français a déjà répondu par l'article 1522 al. 1er du CPCF découlant de la réforme de 2011 en permettant que les parties – à tout moment de la procédure arbitrale - puissent renoncer au recours en annulation de façon expresse et par une convention spéciale, solution déjà constante sur le point jurisprudentiel depuis un arrêt de la CA de Paris en 1989[131]. Le principe compétence – compétence au point positif au profit des juridictions étatiques comme l'a si tellement argumenté M. Boucaron-Nardetto n'a ainsi guère – du moins partiellement - de raison face à cette nouvelle disposition. En effet, partiellement, puisque s'il est possible de renoncer au recours en annulation de la sentence internationale, il ne pourra l'être en matière de recours en exécution de la sentence au vu de l'alinéa 2 de l'article 1522 CPCF. Le droit de l'arbitrage malgache, par contre, n'a pas encore spécifiquement admis une possibilité de renonciation expresse au recours en annulation d'une sentence internationale sauf si les parties «n'ont à Madagascar ni domicile ni résidence principale ni établissement[132]». Il admet toutefois, selon l'article 462 paragraphe

---

[131] CA de Paris, 16 février 1989, *Rev. Arb.*, 1989. 711, note L. Idot : «la sentence rendue en France en matière d'arbitrage international est susceptible du recours en annulation nonobstant toute clause contraire».

[132] Article 462 paragraphe 6 du CPCM.

3 du CPCM, une possibilité de «renonciation tacite» des parties si la demande d'annulation n'a pas été présentée devant le juge compétent dans un délai de trois mois à compter de la date de notification de la sentence ou en cas de rectification ou de sentence additionnelle, à compter de la date à laquelle le tribunal arbitral a pris une décision sur cette demande.

Paragraphe 2)   L'autonomie de la convention d'arbitrage par rapport au contrat principal

> 29.   Autant le concept d'autonomie du tribunal arbitral apparait par le principe compétence– compétence et notamment dans son effet positif à l'égard de l'arbitre et au détriment du juge étatique, la règle de l'autonomie de l'arbitrage s'exerce également au niveau de la convention d'arbitrage. Ce principe a été reconnu par le droit positif malgache, venant en inspiration de la Loi-type[133], et particulièrement

---

[133] Article 16 paragraphe 1er de la Loi-type : «Le tribunal arbitral peut statuer sur sa propre compétence,

par les dispositions de l'article 455 paragraphe 1 du CPCM énonçant qu'«une clause compromissoire faisant partie d'un contrat est considérée comme une convention distincte des autres clauses du contrat». Cet article ajoute que «la constatation de nullité du contrat par le tribunal arbitral n'entraine pas de plein droit la nullité de la clause compromissoire». Ainsi, une nullité dérivée de l'accord compromissoire découlant du contrat principal n'entrainerait pas automatiquement que la convention d'arbitrage soit également annulée. Pis, la clause compromissoire est elle-même en soi considérée comme étant une convention à part entière, même si en

---

y compris sur toute exception relative à l'existence ou à la validité de la convention d'arbitrage. À cette fin, une clause compromissoire faisant partie d'un contrat est considérée comme une convention distincte des autres clauses du contrat. La constatation de nullité du contrat par le tribunal arbitral n'entraîne pas de plein droit la nullité de la clause compromissoire».

matière d'arbitrage international, la distinction entre convention et clause compromissoire s'avère être sans intérêt.

30. En droit français, l'approche est similaire quoique l'évolution jurisprudentielle ait précédé l'autorité réglementaire lors de l'adoption du décret du 13 janvier 2011. En effet, dès 1963, avec l'arrêt *Gosset*, la haute juridiction française a énoncé le principe selon lequel quel que soit la destinée du contrat principal, la clause compromissoire en est disjointe. Pour la Cour, en matière d'arbitrage international, «l'accord compromissoire qu'il soit conclu séparément ou inclus dans l'acte juridique auquel il a trait, présente toujours, sauf circonstances exceptionnelles, une complète autonomie juridique excluant qu'il puisse être affecté par une éventuelle invalidité de cet acte[134]». Cette position fut confirmée par l'arrêt

---

[134] Cass. Civ. 1re, 7 mai 1963, préc.

Hecht en 1972[135] en étendant le principe de l'autonomie de la clause d'arbitrage non pas seulement au contrat auquel elle se réfère mais également à la loi étatique régissant le contrat. Imbue de l'idée de *favor arbitrandum*, le juge de cassation française a innové dans l'approche prétorienne à l'égard de l'arbitrage international en cautionnant la double autonomie de la convention vis-à-vis du contrat principal et à l'égard de la loi étatique mais surtout en la soumettant à une règle matérielle de portée générale de nature juridique internationale. En effet, un arrêt de 1993 dispose «qu'en vertu d'une règle matérielle du droit international de l'arbitrage, la clause compromissoire est indépendante juridiquement du contrat principal qui la contient directement ou par référence et que son existence et son efficacité s'apprécient, sous réserve des règles

---

[135] Civ. 1re, 4 juill. 1972, *JDI* 1972, 843, note B. Oppetit.

impératives du droit français et de l'ordre public international, d'après la commune volonté des parties, sans qu'il soit nécessaire de se référer à une loi étatique[136]». La méthode conflictualiste fait ainsi place aux règles spécifiques matérielles en matière d'arbitrage international. Le but ainsi déclaré serait d'immuniser la convention contre toute cause d'invalidité ou d'inefficacité pouvant venir des lois étrangères[137]. Une autre jurisprudence importante de la haute juridiction française va encore plus loin dans l'admission de la séparabilité de la convention d'arbitrage puisque l'arrêt *Zanzi* admet un «vrai» principe de validité de l'accord compromissoire international, son

---

[136] Cass. Civ. 1re, 20 décembre 1993, *Sté Dalico contractors c/ Comité de la municipalité de Khoms El Mergeb*, préc.

[137] Racine (J-B.) et Siiriainen (F.), *Droit du commerce international, op. cit.* p. 426.

invalidité étant l'exception[138]. Toutefois, l'admission du principe de l'autonomie de l'arbitrage ne signifie pas que les juges français auraient tout cautionné au nom du dogme de faveur à l'arbitrage international. C'est ainsi que les juges dans un souci d'équilibre a émis des limites que la pratique a exprimé au nombre de quatre. Il en est du fait qu'en matière d'arbitrage international, l'autonomie de la clause compromissoire trouverait sa limite dans l'existence de la convention principale auquelle la clause se référerait[139][140]. La seconde limite se

---

[138] Cass. Civ. 1re, 5 janvier 1999, *Marco Zanzi*, préc.

[139] Cass. Civ. 1re, 10 juillet 1990, Rev. Arb. 1990 p.858. De même, un arrêt de la Cour de cassation du 11 juillet [140] (Clunet 2007, n°1, p.146) énonce qu'une clause d'arbitrage contenue dans une note de réservation ne pourrait être applicable, cette note étant considérée comme un avant contrat qui prévoit dans ses termes son remplacement par un connaissement qui est le contrat définitif, ce dernier contenant une clause attributive de juridiction, la dernière clause étant applicable.

trouve dans le fait que la clause d'arbitrage devrait être connue et acceptée tacitement au moment de la conclusion du contrat par la partie à laquelle on l'opposerait lorsqu'il s'agit d'une clause de référence[141]. La jurisprudence *Dalico*, elle, a «planté» les autres limites de ce principe d'autonomie de la convention d'arbitrage notamment l'ordre public international et le respect des dispositions impératives françaises, à distinguer des lois de police[142].

Paragraphe 3)   La consécration de l'autonomie de l'arbitrage international par rapport au droit national

---

[141] V° *supra* n°12.

[142] En effet, une loi de police ne fait pas obstacle à la mise en œuvre d'une clause compromissoire (Cass. Civ 1re, 8 juillet 2010, *Doga*, D, 2010, n° 43, 2886, note de M. Audit et de O. Cuperlier). Les règles impératives, elles, ont un objet précis, limiter la portée de la clause d'arbitrage : pour approfondir le sujet v° en ce sens, M. Audit et de O. Cuperlier, *Arbitrage, loi de police et responsabilité délictuelle*, D 2010. n°43, 2884).

31. Le principe affiché en faveur d'un droit de l'arbitrage international amena la jurisprudence à en admettre le dépassement des droits nationaux (b), des «règles de droit» auxquelles les parties disposent d'un choix pour régir la résolution de leur litige par voie d'arbitrage (a).

a) L'autonomie des parties dans le choix du droit applicable

32. Le fondement de l'arbitrage réside dans la faculté des parties de choisir le moyen le plus adéquat en dehors des péripéties des juridictions étatiques de résoudre le différend qui les oppose. De ce fait, il est apparu nécessaire de consacrer le choix des parties d'opter pour les règles de procédure et de fond qui leur seraient applicables en matière d'arbitrage, conçu en anglais comme étant *le party autonomy*. Pour ce qui est du droit de l'arbitrage international malgache, l'article 458 du CPCM dispose que «les parties sont libres de convenir de la procédure à suivre par le tribunal

arbitral» sous réserves des dispositions impératives de la loi, et a défaut de telle convention, le tribunal pourra de lui-même organiser les règles processuelles selon qu'il le jugerait approprié. Cette disposition laisse ainsi beaucoup de liberté au juge privé surtout si l'arbitrage est *ad hoc*, plus souple pour les parties et qui n'est pas confié à un centre d'arbitrage[143] et ne

---

[143] Les plus connus sont par exemple la Cour internationale d'arbitrage de la CCI, *l'American Association of Arbitration*, la *London Court of International Arbitration*. Des centres d'arbitrage régionaux font également leur apparition, d'autres nationaux comme le CAMM à Madagascar ont été créés. Le CAMM a été établi en 2001 puis a été réformé en 2012 en partenariat avec la Chambre de commerce et d'industrie d'Antananarivo. Le CAMM a comme objectif de «se positionner en vrai partenaire [du] système pour la résolution des litiges commerciaux et d'assurer le leadership dans la mise en place d'une plateforme de règlement des litiges au niveau des iles de l'Océan Indien et dix médiateurs et 21 arbitres formés sont disponibles pour répondre aux requêtes déposées au CAMM et 9 dossiers lui ont déjà été confiés», *Rapport annuel Madagascar 2013,*

bénéficie pas de ce fait des règles processuelles précises de l'arbitrage institutionnel notamment des règlements d'arbitrage. Il faut noter néanmoins que le centre d'arbitrage n'agit pas comme étant un tribunal arbitral, il organise seulement l'arbitrage dans son entièreté. C'est ici que le problème des clauses pathologiques[144] dans l'accord compromissoire se pose puisqu'il peut arriver dans ce cas que la référence à l'arbitrage soit imprécise. Il en est également en cas de silence ou d'imprécision de la procédure d'arbitrage à suivre. En cas de défaillance, les parties ou le tribunal arbitral[145] pourront toujours recourir

---

Programme des Nations Unies pour le Développement Madagascar, p.22.

[144] V° *supra* p.12.

[145] La liberté de l'arbitre de fixer les règles de procédures en cas de défaillance des parties a fait naitre un véritable *lex processualis*, par exemple l'obligation de collaborer de bonne foi à l'administration de la preuve : D. Hascher, *Principes et pratique de*

au règlement d'arbitrage transnational et non institutionnel tel celui de la CNUDCI, revu en 2010, de l'*American Law Institute* ou de l'UNIDROIT[146]. L'arbitre ne pouvant être assimilé au juge étatique automatiquement du fait de son autonomie, il n'est ainsi pas requis de se conformer aux lois de procédure du siège de l'arbitrage exception faite en matière de droit français de se conformer aux règles fondamentales de la procédure telles par exemple le principe de la contradiction[147]. Le

---

procédure dans l'arbitrage commercial international, Rec. Cours La Haye, 1999, vol.279, p.51.

[146] Ferrand (F.), *Le nouveau Code de procédure civile français et les Principes ALI-Unidroit de Procédure civile transnationale : regard comparatif*, in J. Foyer et C. Puigelier (dir.), *Le nouveau Code de procédure civile (19752005)*, Economica, 2006, p.439.

[147] Une sentence qui irait à l'encontre du principe de contradiction, relevant de l'ordre public international, encourt ainsi une annulation ou un refus d'exécution par le juge étatique : CA de Paris du 16 janvier 2003, Rev. Arb. 2004, 369, note L. Jaeger.

décret de 2011 va encore plus loin en admettant un véritable ordre public international de la procédure dans son article 1510 CPCF en disposant que «quelle que soit la procédure choisie, le tribunal arbitral garantit l'égalité des parties et respecte le principe de la contradiction».

Outre les règles processuelles, les parties à l'arbitrage peuvent également convenir quel droit elles voudraient être appliqué au fond à leur différend.

33.   L'article 461 paragraphe 1 du CPCM dispose que «le tribunal arbitral tranche le litige conformément aux règles de droit choisies par les parties comme étant applicables au fond du litige». La même disposition ajoute que toute désignation de la loi ou de système juridique d'un Etat donné est considérée, sauf indication expresse,   comme   désignant directement les règles juridiques de fond de cet Etat et non ses règles de conflit de lois. La loi malgache admet de prime abord ainsi l'un des principes de base de l'arbitrage et qui fera sa

force, la liberté des parties d'opter pour les «règles de droit» de fond sans recours au schéma classique de règles conflictualistes, confirmée ultérieurement par la jurisprudence de la haute juridiction malgache[148]. Les règles de droit choisies par les parties obligent ainsi le tribunal arbitral dans l'accomplissement de son travail juridictionnel – choix qui pourra découler d'une clause d'élection de droit soit d'un acte de mission de l'arbitre, comme convenu avec les parties. Dans cette approche de choix

---

[148] V° les dispositifs de l'arrêt de 2011 en ce sens, *Société Ventaclub c. Société Emeraude Consultadoria E. Servicos LDA,* préc. : «qu'il importe par ailleurs de souligner que les parties ont-elles-mêmes régler le problème de la loi du fond en choisissant l'application du droit français ; **que la règle générale de droit international privé, de renvoi à la loi du lieu conformément à l'adage *locus regit actum* n'a qu'un caractère purement supplétif,** puisque le principe d'autonomie de la clause compromissoire consacre son indépendance à l'égard de la loi interne applicable à la convention».

des règles de fond à appliquer au différend, les parties peuvent choisir une loi étatique, la même que la leur ou l'une des parties ou une autre qui leur est étrangère. Elles peuvent également choisir d'autres règles juridiques autres qu'une loi compacte spécifique. Tel serait le cas par exemple des «principes généraux du commerce international» ou des «principes appliques dans les rapports économiques internationaux» soit la *lex mercatoria*[149] quoique celle-ci tend désormais à dépasser ce cadre pour être admise en tant qu'ensemble

---

[149] La *lex mercatoria* littéralement la «loi des marchands», désignerait les règles aménagées par les professionnels, en matière de contrats internationaux et suivies spontanément par les milieux d'affaires (*Lexique des termes juridiques* sous la direction de S. Guinchard et T. Debard, *op. cit.* p. 560). Elle serait ainsi composée de droit anational en ce qu'elle ne découle d'aucun Etat donc de source privée généralement. Mais également de droit transnational en ce qu'elle serait hors des ordres juridiques étatiques. Toutefois, d'autres auteurs contestent la juridicité de la *lex mercatoria*.

juridique normatif. En effet, la Cour de cassation a affirmé dans une de ses décisions la juridicité de la *lex mercatoria* lorsque dans l'espèce, un contrat avait été conclu entre une société américaine et une société espagnole sauf que les parties ne se sont pas convenues du droit applicable au fond du litige. Dès lors, l'arbitre parisien du différend décida que le litige serait résolu en conformité avec les usages du commerce international soit la *lex mercatoria*. La sentence arbitrale qui en a découlé avait été contestée pour motif de dépassement de la mission arbitrale – donc de la question selon laquelle l'arbitre statuant en droit devait le faire seulement sous l'auspice d'une loi étatique. La haute juridiction civile française a répondu par la négative en arguant que l'arbitre avait raison «en se référant à l'ensemble des règles du commerce international dégagées par la pratique et ayant reçu la sanction des jurisprudences nationales[150]». Il semble donc que c'est à partir de telle jurisprudence que le décret français de 2011 a affirmé dans son article 1511 al.1 du CPCM que «le tribunal arbitral tranche le litige conformément aux règles de droit que les parties ont choisies ou, à défaut, conformément à celles qu'il estime appropriées». A Madagascar, par contre, le recours aux règles matérielles de l'arbitrage à défaut de dispositions conventionnelles n'est pas reconnu. L'article 461 paragraphe 2 du CPCM dispose en ce sens que «le tribunal arbitral applique la loi désignée par la règle de conflit de lois qu'il juge applicable en l'espèce». Le recours aux règles conflictualistes, même si ayant un caractère supplétif en cas de défaut d'expression de la volonté des parties, est ainsi encore admis en matière de droit malgache de l'arbitrage commercial international

---

[150] Cass. Civ.1ere, 22 octobre 1991, *Valenciana*, Rev. Arb, 1992. 457 note P. Lagarde.

par rapport au droit applicable au fond sur un différend arbitrable. Outre l'expression de la volonté des parties, l'arbitre pourra également tenir compte «des usages du commerce applicables à la transaction[151]», le cadre ultime étant l'ordre public international[152] soumis au contrôle du juge étatique malgache lors du recours en annulation et de recours en reconnaissance et d'exécution de la sentence arbitrale.

34.   Le tribunal arbitral peut être autorisé à statuer sur le litige conformément à l'équité, on parle en ce sens d'arbitrage en *ex aequo et bono*. L'équité est définie comme étant «la réalisation suprême de la justice, allant parfois au-delà de ce que prescrit la loi[153]», «là où l'amour et la

---

[151] Article 461 paragraphe 4 du CPCM.

[152] La question sera discutée en détail *infra* p.97.

[153] V° *Lexique des termes juridiques* sous la direction de S. Guinchard et T. Debard, *op. cit*, p. 397.

vérité se rencontrent, là où justice et paix s'embrassent[154]». Ce droit est reconnu par les articles 12 alinéa 3, 57-1 et 700 du CPCF à toute juridiction de l'ordre judiciaire – si les parties peuvent disposer des droits mis en cause et sous la condition qu'elles s'y sont accordées de manière expresse. Un autre aspect du pouvoir juridictionnel reconnu à l'arbitre. L'article 461 paragraphe 3 du CPCM dispose en ce sens que «le tribunal arbitral statue en amiable compositeur (…), uniquement si les parties l'y ont expressément autorisé». Le consentement des parties – de manière non équivoque dans son expression-reste la seule condition dans le pouvoir d'amiable compositeur de l'arbitre c'est-à-dire «de ne pas s'en tenir à l'application de règles de droit, ce qui leur permet aussi bien de les ignorer complètement que de s'en écarter en

---

[154] Psaume 85-11 cit. in *Lexique des termes juridiques* sous la direction de S. Guinchard et T. Debard, *op. cit*, p. 397.

tant que leur sentiment de l'équité l'exige[155]». Mais l'amiable composition en soi n'est pas que des règles de droit comme l'est la *lex mercatoria* par exemple, celle-ci dont la juridicité a été déjà reconnue par l'arrêt *Valenciana*[156]. L'arbitre agissant en amiable compositeur peut toujours se référer à une règle de droit si tant est qu'il se réfère dans sa démarche à l'équité[157]. Ici se pose alors la question du contrôle judiciaire à l'égard de ce pouvoir presque «divin» accordé à l'arbitre surtout que la détermination du pouvoir arbitral

---

[155] V° en ce sens, Fouchard (P), Gaillard (E), Goldman (B), *Traité de l'arbitrage international*, Litec, 1996 n°1502, p.849.

[156] Cass. Civ.1ère, 22 octobre 1991, *Valenciana,* préc.

[157] Cass. Civ. 2e, 15 février 2001, *Rev. Arb.*, 2001. 135, note E. Loquin. On notera également une décision antérieure de la CA de Paris du 20 mai 1989 disposant que «le défaut de référence expresse à l'équité ne peut à lui seul ouvrir le droit à l'annulation de la sentence».

d'amiable compositeur aurait pour conséquence que le juge étatique constaterait de manière approfondie «la motivation de la sentence afin de pouvoir déceler si elle est conforme à l'équité[158]» ; en d'autres termes, ce serait concevoir une révision judiciaire au fond de la sentence arbitrale qui n'est pas admise en matière d'arbitrage. Ainsi, la CA de Paris décida que «le défaut de référence expresse à l'équité ne peut à lui seul ouvrir le droit à l'annulation de la sentence», à condition cependant qu'«il ressorte des motifs retenus par l'arbitre que la sentence [soit] également fondée sur l'équité[159]».

---

[158] V° en ce sens, El Mehdi Najib (M), *L'intervention du juge dans la procédure arbitrale*, Thèse pour l'obtention d'un doctorat en droit de l'Université de Bordeaux, B. Saintourens (dir.), 2016, 343, p. 143.

[159] CA de Paris, 20 mai 1989, Rev. Arb. 1989, 280, note L. Idot.

b) Le dépassement du droit national : l'autonomie de l'arbitrage par rapport au droit national

35. Comme nous l'avons vu, l'autonomie de l'arbitrage se conçoit en trois aspects[160], celui en premier lieu d'autonomie de la convention d'arbitrage – l'enjeu étant ici d'isoler l'accord compromissoire du contrat de fond auquel il est rattaché si bien que la nullité de ce dernier n'empêcherait pas au premier d'être applicable, ce que les légistes du *common law* appellent la *separability of the arbitration agreement.* Un second aspect se retrouve dans l'autonomie des parties dans le choix du droit applicable que ce soit dans les règles de forme que de fond applicables au litige – ce choix, nous l'avons décrit pourra se porter sur une loi étatique précise mais aussi en un ensemble de

---

[160] V° en ce sens, Gaillard (E), *Souveraineté et autonomie : réflexions sur les représentations de l'arbitrage international*, JDI, Revue Trimestrielle Octobre-Novembre-Décembre n°4/2007, p.1164-1173.

règles d'usages dans le commerce international. Un troisième aspect, que nous n'avons pas encore eu l'occasion de discuter se retrouve dans l'autonomie de l'arbitrage lui-même soit sa place dans l'ordonnancement juridique et de l'intervention judiciaire en découlant. La question de l'autonomie de l'arbitrage à l'égard des ordres juridiques nationaux suppose une confrontation avec un autre principe juridique qu'est la souveraineté des Etats. En effet, l'approche des grands systèmes juridiques à l'égard de cette conception transnationaliste de l'arbitrage – en ce que l'arbitrage international tiendrait sa source d'une pluralité de droits, droits qui sont prêts à reconnaitre la validité sous peine d'exigences minimales de la convention d'arbitrage, du tribunal arbitral ainsi agissant sous l'autorité de celle-ci ainsi que la sentence qui interviendrait sur le fondement de cette convention[161] - diffèrent. La jurisprudence française favorable à l'arbitrage international dans la résolution des litiges, a très tôt consacré l'autonomie de la convention d'arbitrage par rapport aux lois étatiques en allant à l'encontre de l'ancien article 2061 du CC interdisant de compromettre – par principe – par voie de clause compromissoire en matière d'arbitrage interne, prohibition que la haute juridiction civile[162] a refusé d'étendre à l'arbitrage international. En 1993, un autre pas fut franchi par la cour de cassation française qui disposa «qu'en vertu d'une règle matérielle du droit international de l'arbitrage, la clause compromissoire est indépendante juridiquement du contrat principal qui la contient directement ou par référence et que son existence et son

---

[161] V° en ce sens, Gaillard (E), *Souveraineté et autonomie : réflexions sur les représentations de l'arbitrage international*, op.cit., p.1173.

[162] Civ. 1ere, 4 juillet 1972, *Hecht*, préc.

efficacité s'apprécient, sous réserve des règles impératives du droit français et de l'ordre public international, d'après la commune volonté des parties, sans qu'il soit nécessaire de se référer à une loi étatique». Mais là où le problème d'une transnationalité de l'arbitrage international trouve un point d'achoppement c'est d'abord au niveau du sort réservé dans les autres Etats aux sentences annulées dans l'Etat de siège de l'arbitrage. Le juge d'un Etat saisi par la reconnaissance ou l'exécution d'une sentence arbitrale étrangère est-il tenu par la décision d'annulation du juge de l'annulation de l'Etat de siège de l'arbitrage ? Le juge français saisi de la question dans bon nombre d'affaires, et récemment dans l'affaire *Putrabali* décida que «la sentence internationale, qui n'est rattachée à aucun ordre juridique étatique, est une décision de justice internationale dont la régularité est examinée au regard des règles applicables dans le pays où sa reconnaissance et son exécution sont demandées (…)[163]».

Dans une autre décision, faisant suite à une floraison d'arrêts ayant constitués la ligne jurisprudentielle française en la matière depuis plus de vingt ans[164], la CA de Paris décida que la sentence «n'est pas intégrée dans l'ordre juridique [de l'Etat d'origine] de sorte que son éventuelle annulation par le juge du siège ne porte pas atteinte à son existence en empêchant sa reconnaissance et son exécution dans d'autres ordres juridiques

---

[163] CA de Paris, 31 mars 2005, *Sté PT Putrabali Adyamulia*, Rev. Arb. 2006, p.665, note E. Gaillard; Cass. Civ. 1re, 29 juin 2007, n°05-18.053, *Sté PT Putrabali Adyamulia c/ Sté Rena Holding et a.* Rev. Arb., 2007, n°3, note E. Gaillard.

[164] V° en ce sens, Gaillard (E), op.cit., p.1166 citant les jurisprudences *Sté Norsolor* (Cass. Civ. 1re 9 octobre 1984, *Sté Pablak Ticaret Limited c/ Norsolor*, Rev. Arb. 1985, p.431, note B. Goldman) ; *Sté Hilmarton* (Cass. Civ. 1re 23 mars 1994, Rev. Arb. 1994, p.327 note Ch. Jarrosson) ; *Chromalloy* (CA Paris, 14 janvier 1997, JDI 1998, p.759, note E. Gaillard).

nationaux[165]». Une autre conception a été adoptée par le juge américain allant à l'encontre d'une tendance transnationale de l'arbitrage en argumentant dans le même ordre que certains arrêts anglo-saxons, très critiques à l'égard de cette tendance allant jusqu'à l'interpréter comme «flottant dans le firmament[166]». Dans un arrêt en date du 17 mars 2006, la cour de district fédérale du District de Columbia refusa ainsi de reconnaitre une sentence annulée en Colombie au motif qu'il n'était pas acceptable, ou pas encore, de recourir à un arbitrage CCI, voulant ainsi éviter tout conflit éventuel de la sentence avec la conception états-unienne de l'ordre public

---

[165] CA de Paris, 29 septembre 2005, *International Bechtel Co*, n°2004/07635, Juris-Data n°2005-287354.

[166] Suivant les dispositions d'un arrêt en 1984, *Bank Mellat v. Hellimiki Techniki SA* «despite suggestions to the contrary by some learned writers under other systems, our jurisprudence does not recognise the concept of arbitral procedures *floating in the transnational firmament*, unconnected with any municipal system of law» [1984] 1 QB 291, 301.

international[167]. Cela a ainsi eu pour résultat
que l'arbitrage soit conçu comme un premier
degré de juridiction, un contrôle du juge de
l'exécution se faisant *a posteriori* sur celui du
juge de siège de l'arbitrage. De cette manière,
il ne serait plus question de faire jouer les cas
d'ouverture du recours en reconnaissance et
exécution de la sentence arbitrale comme
prévus par la
Convention de New York de 1958 mais plutôt
d'appliquer les critères de reconnaissance et
d'exécution par voie d'*exequatur* des
jugements étrangers. Ce serait en effet aller à
l'encontre des intentions des rédacteurs de la
Convention de New York qui voulaient – ne
l'oublions pas – éliminer la nécessité d'un
double exequatur ayant perduré sous
l'ancienne Convention de Genève de 1927 sur
la reconnaissance et l'exécution des sentences
arbitrales étrangères[168]. En ce temps-là, il était

---

[167] US District Court, District of Columbia, 17 mars
2006, *TermoRio SA ESP et al. v. Electrificadora del
Atlantico SA, ESP et al. 421 F Supp. 2d 87,* Rev. Arb.
2006, p.786, note J. Paulsson.
[168] «One change was the elimination of the requirement
of a *double exequatur*, so that it would be possible to
present awards for enforcement without first obtaining

requis que les sentences étrangères aient été marquées au sceau des juridictions du siège de l'arbitrage pour être exécutées ailleurs[169]. Initialement, en effet, l'arbitre a été assimilé au juge national et particulièrement au juge du siège de l'arbitrage si bien qu'il en était presque soumis aux mêmes règles que le for, sa sentence annulée ici ne pouvant être reconnue ailleurs, sa compétence soumise à l'exception de litispendance[170] ce qui amenait

---

a declaration of enforceability from the courts of the country where they were rendered», ICCA, *ICCA's guide to the interpretation of the 1958 New York Convention: a handbook for judges,* avec l'assistance du CPA, 2011, p.v.

[169] Gaillard (E), *International arbitration as a transnational system of justice, International Council for commercial arbitration – Arbitration, the next fifty years,* avec l'assistance de la Cour Permanente d'Arbitrage de La Haye, p.71.

[170] L'un des plus grand soutiens de cette thèse – la conception positiviste mono-nationale - fut sans nul doute, F.A. Mann qui écrit en 1967 : «toute activité se déroulant sur le territoire d'un Etat n'est-elle pas nécessairement soumise à sa compétence ? – il y a une ressemblance prononcée entre le juge national et

des manœuvres dilatoires, les parties pouvant bloquer une procédure d'arbitrage en saisissant les juridictions étatiques, peut-être les siennes, et de demander que le tribunal arbitral sursoit à statuer jusqu'à la décision des juges nationaux[171].

---

l'arbitre en ce que tous deux sont soumis au souverain local – n'est-ce pas à l'Etat [local] de dire si et de quelle façon les arbitres sont assimiles a des juges, et comme eux, soumis à la loi ? » (F.A. Mann, *Lex facit arbitrum, Liber amicorum for Martin Domke, M. Nijihoff*, La Haye, 1967, p.157).

[171] Cela a été par exemple le cas lorsque le Tribunal fédéral suisse, a été saisi sur un litige survenu sur un contrat d'entreprise entre une société espagnole, Fomento, et une compagnie du Panama contenant une clause d'arbitrage CCI avec siège en suisse. La partie espagnole saisit les juridictions du Panama et son co-contractant souleva l'exception d'incompétence et saisit ensuite les arbitres. Les juges suisses décida que la litispendance aurait dû jouer et que les arbitres auraient dû surseoir à statuer jusqu'à la décision des juridictions panaméennes et annule la sentence (Tribunal fédéral, 14 mai 2001 : ATF 127 III 279, Rev. Arb. 2001 p.835 note J.-F. Poudret). Etant donné l'indignation que cette jurisprudence a créé, le législateur suisse rectifia le tir en modifiant l'article 186 de la LDIP en 2006 en ce que le tribunal arbitral

36.   De cette conception mono-
nationale, un autre point de vue sur la
matière de l'arbitrage international
vis-à-vis des droits nationaux s'est
érigé,   c'est   la   conception
jusnaturaliste transnationale ou de
celle de l'arbitrage vu comme étant un
droit «anational». Cette vision
westphalienne – découlant de la vision
du traité de Westphalie de 1648 sur la
balance des forces entre Etats – voulait
que l'arbitrage puisse trouver son
fondement dans le fait qu'un certain
nombre d'Etats soient préparés pour
reconnaitre sa légitimité découlant de
la volonté des parties, ainsi que le
«caractère exécutoire» de la sentence
arbitrale qui en découlerait. Ainsi, la
procédure arbitrale est «reconnue»
non pas comme en matière de
conception mono-locale, *a priori*,
mais *a posteriori* si la sentence

«statue sur sa compétence sans égard à une action
ayant le même objet déjà pendante entre les mêmes
parties devant un autre tribunal étatique ou arbitral,
sauf si des motifs sérieux commandent de suspendre la
procédure».

arbitrale remplirait les conditions de reconnaissance de l'Etat d'exécution de l'arbitrage[172]. Reste donc la conception positiviste transnationale, celle défendue par la jurisprudence française, selon laquelle le pouvoir des arbitres découle non d'un droit spécifique ou de plusieurs mais dans un autre, englobant une pluralité de droits. Cet ensemble de droits est prêt à reconnaitre la validité de la convention d'arbitrage et la sentence en découlant si tant est que les exigences minimales aient été respectées. Le droit du siège de l'arbitrage n'est pas en soi le dépositaire exclusif de cette justice arbitrale internationale. C'est certainement dans le cadre d'une telle approche en faveur de l'arbitrage international et du souci d'une bonne exécution de la sentence arbitrale que

---

[172] Gaillard (E), *International arbitration as a transnational system of justice, International Council for commercial arbitration – Arbitration, the next fifty years*, préc. p.68.

le législateur malgache a prévu dans son article 462 paragraphe 5 al. 2 du CPCM que «le rejet du recours en annulation confère [de plein droit] l'exequatur à la sentence incriminée».

Chapitre 2. L'intervention du juge en cas de défaillance de la convention d'arbitrage

37. L'arbitrage ayant une source conventionnelle, la défaillance d'un accord entre les parties justifie l'immixtion du juge étatique afin de rendre efficace le processus arbitral lorsque ces lacunes surgissent au niveau du tribunal arbitral (Section 1) ou lors de l'instance arbitrale (Section 2).

Section 1. Les lacunes portant sur le tribunal arbitral

38. Ces lacunes peuvent surgir dans la constitution du tribunal arbitral (Paragraphe 1) ou son intégrité (Paragraphe 3) aussi bien que dans le financement de l'arbitrage (Paragraphe 2).

Paragraphe 1) L'appui du juge dans la constitution du tribunal arbitral

39. L'accord des parties manquant, dans le dessein de rendre efficace l'arbitrage, le juge étatique a été permis d'arroger les pouvoirs d'un juge d'appui (a) soit dans la constitution du tribunal arbitral (b) soit dans sa réformation (c).

a) La notion de juge d'appui

40. Il serait assez présomptueux de parler de juge d'appui, dans le modèle français, pour le droit malgache de l'arbitrage international même si le CPCM prévoit des dispositifs d'assistance du juge lors de la procédure arbitrale. En effet, le CPCM énonce une intervention du juge, réglementée[173], en vue d'éviter toute interruption intempestive du processus arbitral par le juge national – se saisissant d'office ou par les parties – qui pourrait rendre l'arbitrage inefficace. Le juge

---

[173] L'article 452-4 du CPCM dispose en ce sens que «les juges du droit commun ne peuvent intervenir que dans les cas prévus par [les dispositions de la loi sur l'arbitrage international]».

malgache peut ainsi intervenir au cours[174] de la procédure arbitrale internationale pendante sur invitation de l'arbitre ou des parties après avis du tribunal arbitral notamment en matière d'assistance pour l'obtention de preuve (article 460-4 du CPCM), d'édiction de mesures conservatoires et provisoires de la compétence des juges des référés (453-4 du CPCM). Il pourra également intervenir *a posteriori* de l'instance arbitrale en tant que juge de l'annulation de l'annulation en cas de recours contre celle-ci (462 du CPCM) ou en tant que juge de l'*exequatur* de la reconnaissance et de l'exécution de la sentence arbitrale internationale ou étrangère (463464 du CPCM). L'intervention du juge pourra également se faire lors de la constitution du tribunal arbitral notamment en cas d'incidents,

---

[174] Le rôle du juge postérieurement à la procédure arbitrale, soit du juge de l'annulation de la sentence soit du juge de la reconnaissance et de l'exequatur, seront étudiées plus profondément dans la partie y relative du mémoire.

c'est ici que la fonction d'assistance dans la notion de juge d'appui nous intéresse. En effet, le juge d'appui, une émanation de la doctrine suisse de l'arbitrage[175], ayant été réceptionné par la jurisprudence française puis inclus dans la réforme prévue par le décret de 2011, devra assurer le «déroulement forcé de la convention» d'arbitrage, il devra également selon les termes du rapport adressé au Premier Ministre[176] lors de l'adoption du décret français, intervenir «pour asseoir l'autorité du tribunal arbitral, dépourvu de tout *imperium* et pour permettre aux parties de conduire cette procédure

---

[175] Et réceptionnée par la loi suisse sur l'arbitrage et particulièrement par l'article 179 de la LDIP par lequel en cas de défaut de constitution conventionnelle du tribunal arbitral, le juge du siège pourra être saisi afin de désigner des arbitres sauf s'il arrive à démontrer qu'il n'y a pas entre les parties de convention d'arbitrage valide.

[176] Le rapport est publié sur le site officiel de partage des lois et réglementations françaises, Legifrance, sous le lien électronique https://www.legifrance.gouv.fr/eli/rapport/2011/1/14/JUSC1025421P/jo/texte >consulté le 28/04/2017.

efficacement, ceci dans le respect des principes de loyauté et d'égalité des armes». Autrement dit, le juge d'appui participe non d'une immixtion intempestive mais d'une mission d'assistance et d'appui à l'arbitrage[177]. L'article 1505 du CPCF prévoit que «le juge d'appui de la procédure arbitrale est, sauf clause contraire, le président du TGI de Paris». Le juge d'appui français ne pourra ainsi être confondu avec le juge des référés assistant le tribunal arbitral pour «obtenir une mesure d'instruction, une mesure provisoire ou conservatoire (…) en cas d'urgence» (article 1449 CPCF). Il ne se confond pas avec le juge en charge de l'administration des preuves, compétent pour connaitre des questions de délivrance d'actes ou de production de pièces par un tiers (article 1469 CPCF). Le juge d'appui parisien ne sera également pas assimilable au juge de l'exequatur ou

---

[177] Fouchard (P), *La coopération du président du TGI à l'arbitrage*, Rev. Arb. 1985, p.5 et ss. cité par Meyer (P) in *Droit de l'arbitrage OHADA, Op. cit,* p.142.

de l'annulation[178]. Il pourra intervenir en cas de difficulté de constitution du tribunal arbitral, de prorogation du délai de l'arbitrage ou en cas de contestation relative à l'abstention, l'empêchement, la démission ou la récusation de l'arbitre[179]. Mais le problème récurrent est celui de l'étendue des pouvoirs du juge d'appui. Dans une affaire en date du 20 février 2007[180], la haute juridiction civile française était amenée à statuer sur ce point. Elle avait été saisie suite à un pourvoi contestant les motifs invoqués par la Cour d'appel suivant un litige entre deux sociétés sur un contrat contenant une clause d'arbitrage renvoyant les parties aussi bien devant l'AFA que la CCI. La

---

[178] Chaouachi (L.), *Le juge d'appui français et l'arbitrage international*, préc. p. 14.

[179] V° en ce sens, Gaillard (E.), *Le nouveau droit français de l'arbitrage interne et international, Op. cit.* p.185186.

[180] Cass. Civ. 1re, 20 février 2007, *UOP NV c/ BP France*, Pourvoi n°06-14.107.

Cour de cassation ira à l'encontre de la décision de la CA rendant nulle la clause en ce que les juges de fond auraient dû renvoyer les parties devant le juge d'appui afin que celui-ci statue sur la désignation de l'arbitre compétent[181]. Cette conception française du juge d'appui, ayant dépassé le stade de l'assistance judiciaire dans l'arbitrage, prône une autre approche universaliste de la fonction. En d'autres termes, il est possible eu égard à l'intervention du décret de 2011 que le juge d'appui français soit saisi même si le siège de l'arbitrage est hors du territoire français, le faisant apparaître comme un vrai «bon samaritain[182]» venant au secours

---

[181] Car «seul le constat d'un défaut de volontés concordantes pour règles le litige par recours à un arbitrage prouverait le caractère manifestement inapplicable de la convention d'arbitrage et légitimerait le refus du juge d'appui de donner suite à une requête» (*L'arbitrage et le rôle du juge d'appui en droits algérien et français*, Revue de droit des affaires internationales, n°1, 2012, p.27).
[182] Fouchard (P), Gaillard (E), Goldman (B), *Traité de l'arbitrage international, op. cit,* n°838.

de «l'arbitrage de morts incidentes accidentelles». En effet, l'article 1505 du CPCF prévoit le champ de compétence du juge d'appui parisien selon quatre cas, soit que l'arbitrage se déroule en France, soit que les parties aient choisi la loi de procédure française, soit que les parties aient opté pour la compétence des juridictions françaises pour connaitre des différends relatifs à la procédure arbitrale soit que l'une des parties se trouverait exposée à un risque de déni de justice. Il s'agit selon le rapport au Premier Ministre lors de l'adoption du décret de 2011 de renforcer la vocation universelle de l'arbitrage international français. Pour le cas de déni de justice, il prend sa source dans l'une des plus grandes jurisprudences françaises en matière d'arbitrage international, l'arrêt NIOC (National Iranian Oil Company) en 2005[183], qui, outre l'enjeu géopolitique qu'elle a suscité, reconnaissait la compétence du

---

[183] Cass. Civ. 1ere, 1er février 2005, *Etat d'Israël c/ Sté NIOC*, Rev. Arb., 2005, 693, note H. Muir Watt.

juge étatique en tant que juge d'appui de la procédure arbitrale si les parties seraient confrontées à un risque de déni de justice et qu'il existerait un lien de rattachement même minime entre le litige et la France. L'article 1505 du CPCF permet également aux parties par «une clause contraire» de déroger à l'appui du président du TGI de Paris en choisissant un «autre juge d'appui contractuel», par exemple un centre d'arbitrage, un autre juge français ou bien une tierce personne. Etant donné que le lien entre le centre d'arbitrage, juge d'appui choisi et les parties à l'arbitrage apparaisse comme étant un lien contractuel et le centre n'ayant pas le statut d'un arbitre[184], les décisions

---

[184] Le droit français (article 1450 du CPCMF), autant que le droit malgache (article 441 du CPCM) ne permet pas à une personne morale, comme l'est le centre d'arbitrage, d'être désignée comme arbitre. Toutefois, ces dispositions ne sont applicables qu'en matière interne, les deux textes ne précisant pas ce fait pour le droit de l'arbitrage international. C'est ainsi à bon droit que F. Ranjeva en a déduit qu'en droit malgache la nomination d'un arbitre personne morale dans une procédure arbitrale internationale ne serait

émanant de lui dans le cadre de sa fonction d'appui n'ont pas le caractère d'acte juridictionnel comme le serait celui du tribunal arbitral rendant sa sentence. La voie d'appel ne peut ainsi être appliquée à ces décisions[185]. Pour ce qui est du juge d'appui contractuel choisi par les parties, juge qui serait un autre juge que le président du TGI parisien –généralement le président du tribunal de commerce de Paris- dont le décret de 2011 a consacré la compétence, la question qui se pose serait si ses actes sont considérés comme étant des actes juridictionnels. Dans un premier temps, la haute juridiction civile institua une unicité de régime d'actes juridictionnels entre ceux du juge d'appui choisi et celui requis par la loi, en admettant un recours en appel de la décision du président du tribunal de commerce de Paris désigné en tant que

---

pas interdite (F. Ranjeva, *Les nouvelles règles de l'arbitrage à Madagascar*, préc. p. 14).

[185] Chaouachi (L.), *Le juge d'appui français et l'arbitrage international*, préc. p. 43.

juge d'appui dans l'accord compromissoire sur la désignation d'un arbitre lors d'un litige entre une société française et une société marocaine[186]. Cette voie de recours pour excès de pouvoir du juge d'appui conventionnel est ainsi dénommé «appel-nullité» et se justifierait par le fait que les deux juges soient tous les deux des magistrats de l'ordre judiciaire. Cela ne s'est pas fait sans opposition puisque l'on invoqua que cette approche méconnaitrait le caractère supplétif de la désignation d'un juge d'appui conventionnel et de l'exclusivité de la compétence en la matière du président du TGI de Paris[187]. En 2003, la

---

[186] Cass. Civ. 1ere, 10 mai 1995, Rev. Arb. 1995, 607, note A. Hory : le juge commercial agissait sous l'auspice de l'ancien régime de l'arbitrage en France avant 2011 et devait ainsi designer par ordonnance l'arbitre en statuant par référé sous l'autorisation des articles 1493 et 1457 al. 1 du CPCMF d'alors.

[187] Cass. Civ. 1ere, 7 mars 2000, *Adidas-Salomon c/ Ventex*, Rev. Arb. 2000. 447, note Lacabarats: reconnaissant que le président du TGI parisien est la seule autorité juridictionnelle compétente pour statuer

position des juges de fond parisiens alla à l'encontre de celle de la haute juridiction en épousant la pensée contractualiste de la relation entre le juge d'appui désigné par les parties et les parties à l'arbitrage. Cette relation est donc vidée de toute nature juridictionnelle y compris en ce qui concerne les actes du magistrat choisi. En effet, la CA de Paris, par deux arrêts en date du 5 juin 2003 décida qu'il n'était pas de son ressort de connaitre de l'action contre l'ordonnance du président du tribunal de commerce sur la constitution d'un tribunal arbitral étant entendu que la contractualisation des parties à l'assistance pour la constitution du tribunal arbitral – matérialisée par un mandat conventionnel - a pour conséquence que les parties perdent les voies de recours contre les décisions du juge d'appui. Ces voies de recours seraient ainsi admises si les parties avaient choisi un régime dérogatoire aux anciens articles

---

sur les difficultés de constitution du tribunal arbitral dans un arbitrage international ayant un lien avec la France.

1493 et 1457 du CPCF sur le pouvoir du président du TGI de Paris. Les actes faits par le juge choisi dans le cadre de la composition du tribunal arbitral ont ainsi un acte de droit privé non susceptible de recours en appel-nullité. Toutefois, les parties peuvent toujours invoquer toute contestation relative à la constitution du tribunal arbitral en cas de non-conformité avec les dispositions de l'accord compromissoire lors du recours en annulation de la sentence arbitrale. Mais la décision du juge étatique choisi en tant que mandataire ne pourra être utilisée pour invoquer l'exception de chose jugée afin d'écarter lors du recours en annulation une contestation en ce sens, la question ayant déjà été tranchée par le juge d'appui[188].

41. Au niveau du droit malgache, comme soulevé auparavant aucune référence explicite n'est faite dans le CPCM sur une quelconque désignation d'un juge d'appui. La loi se réfère néanmoins dans

---

[188] Chaouachi (L.), *Le juge d'appui français et l'arbitrage international*, préc. p. 49.

son article 454-1-3 sur la possibilité de saisine par une des parties à l'arbitrage du premier président de la CA d'Antananarivo – là où la loi mauricienne sur l'arbitrage international invoque la compétence de la CPA[189]- pour désigner un arbitre en cas de désaccord des parties dans la constitution du tribunal arbitral. L'article 454-1-2 du CPCM laisse les parties libres dans l'organisation de la procédure de nomination des arbitres, ce qui a pour conséquence que les parties puissent choisir une autre entité ou une autre personne que le juge prévu par l'article 454-1-3 pour statuer en cas de problème dans la constitution du tribunal arbitral. L'admission du statut du juge d'appui dans le droit malgache dans l'absence de disposition législative en la matière viendra de la jurisprudence et notamment d'un arrêt de la Cour de

---

[189] Section 12-3-a-(ii) du *Mauritian International Arbitration Act*. Cette saisine est facilitée par le fait que la CPA possède une représentation permanente sur l'ile.

cassation, toutes chambres réunies, en 2011 où la haute juridiction malgache, saisie sur un litige entre une société locale et une société italienne par rapport à la clause compromissoire prévue dans le contrat de bail entre les parties, invoqua que l'article 453-4 du CPCM, disposition sur la possibilité de saisine du juge des référés en occurrence le premier président de la CA d'Antananarivo pour prendre des mesures conservatoires ou provisoires, serait une invocation au «juge d'appui à la procédure arbitrale[190]», confondant par la même occasion la fonction de juge d'appui et de juge de référé –compétent en matière de mesures conservatoires et provisoires- au niveau de l'arbitrage international. On pourrait penser qu'ainsi le législateur malgache voulait centraliser au niveau du premier président de la Cour d'appel d'Antananarivo en tant que juge

---

[190] Cour de cassation de la Cour Suprême de Madagascar, toutes chambres réunies (civile, commerciale et sociale), 11 octobre 2011, *Société Ventaclub c. Société Emeraude Consultadoria E. Servicos LDA.*

d'appui qui statue en référé sur la décision de designer les arbitres en cas de défaillance des parties (article 454-1 paragraphe 3 du CPCM) et la même personne statuant en tant que détenteur de l'*imperium* prenant par référé des mesures conservatoires et provisoires avant ou pendant la procédure arbitrale (article 453-4 du CPCM). La décision a, toutefois, pour mérite de consacrer une conception en faveur de l'arbitrage commercial international du monde judiciaire malgache. De cette assistance des parties, afin de rendre efficace la procédure arbitrale, institutionnalisée par le concept de juge d'appui, ce dernier vient ainsi intervenir pour faire en sorte que la procédure arbitrale continue s'il arrive qu'une défaillance de la convention d'arbitrage se manifeste en matière de constitution du tribunal arbitral.

b) L'appui du juge en cas d'incident dans la constitution du tribunal arbitral

42. Le postulat de la constitution conventionnelle du tribunal arbitral est important en matière d'arbitrage

international. En effet, l'article 454-1 paragraphe 2 du CPCM dispose que «les parties sont libres de convenir de la procédure de nomination de l'arbitre ou des arbitres (…)». Les parties peuvent ainsi designer directement l'arbitre dans une clause compromissoire ou dans une convention d'arbitrage lorsque le litige est né. Il est ainsi plus aisé pour les parties de prévoir nommément l'arbitre ou se référer à sa fonction ès-qualité ou également de prédire la procédure de désignation du tribunal arbitral. Il arrive également que les parties choisissent un tiers pour que celui-ci constitue le tribunal arbitral, ce tiers pouvant être une personne physique ou une personne morale par exemple un centre d'arbitrage. L'influence des centres d'arbitrages dans la résolution des litiges commerciaux n'est pas moindre en droit de l'arbitrage international. En effet, l'arbitrage institutionnel conçu comme celui qui est organisé par une institution spécialisée présente des avantages par rapport à l'arbitrage *ad hoc* notamment à leur organisation en une structure administrative vouée à l'efficacité de l'instance arbitrale et la disponibilité de règlements précisant la conduite du processus arbitral. C'est sans doute ainsi que des pays industrialisés comme l'est la Chine[191] aient choisi de prohiber l'arbitrage *ad hoc*. Toutefois, cette approche est exceptionnelle étant entendu que le mode d'arbitrage non institutionnel est celui qui reste selon certains auteurs le plus suivi[192] eu égard à sa flexibilité[193] et

---

[191] «Only institutional arbitration is permitted in China. Ad hoc arbitration is not permitted under Chinese arbitration law» *in* Ping (H), *The role of the court in international commercial arbitration, a comparative study of the Chinese Law and the Laws of the UK*, Ph.D. at the Faculty of Law of University of Glasgow, June 2007, p.104.

[192] Selon Ping, actuellement, la plupart des litiges se régleraient en *ad hoc* mais il serait plus ardu de comptabiliser les affaires dans ce type d'arbitrage. L'auteur évalue pour un peu plus de 4000 affaires devant les plus importantes institutions d'arbitrage en 2007, *in* Ping (H), op.cit., p.55.

[193] Le rapport du cabinet international PricewaterhouseCoopers en 2013 fait état d'une préférence affichée des groupes industriels

au moindre cout qu'il implique par rapport à un arbitrage par une institution. Ainsi, les parties peuvent user du mode de l'arbitrage institutionnel ou *ad hoc* pour désigner l'arbitre ou les membres du tribunal arbitral. Dans ce dessein, la volonté des parties ne pourront être totale face aux limitations de la règle de l'imparité ainsi que du respect du principe d'égalité des parties.

Pour le droit malgache, contrairement à l'arbitrage interne, où la règle de l'imparité des arbitres est expressément prévue en ce sens que «le tribunal arbitral est constitué d'un seul arbitre ou de plusieurs en nombre impair[209]», en matière internationale, le CPCM fait état d'un mutisme particulier contrairement au droit français[210], de l'OHADA[211] ou du droit mauricien[212] qui ont considéré la règle d'imparité des arbitres avec le pouvoir de compléter si ce nombre était pair lorsqu'il a été prévu par les parties, soit par les parties elles-mêmes soit par une tierce

---

internationaux pour l'arbitrage dans la résolution de leurs litiges commerciaux tout en soulignant une crainte accrue de judiciarisation de l'arbitrage institutionnel avec l'augmentation des formalités et

personne soit par le juge d'appui. L'article 454-1 paragraphe 3 du CPCM règle le mode de désignation des arbitres en cas de défaillance de la convention des parties en régissant les cas d'intervention du PPCA pour constituer le tribunal arbitral en cas d'arbitrage à un seul arbitre ou en trois arbitres, sans renier expressément l'arbitrage en nombre pair.

44. Il peut arriver que la convention d'arbitrage bien qu'existante et applicable soit imparfaite. Son imperfection découlera d'omissions ne rendant pas inapplicables la convention, étant entendu que selon l'article 453-3 du CPCM, si ladite convention est manifestement nulle, inopérante ou non susceptible d'être exécutée, le juge étatique saisi d'un litige concernant un accord compromissoire pourra se déclarer compétent puisqu'il n'y a pas lieu à compromettre[194]. Les

---

[194] N'est manifestement pas inapplicable la clause d'arbitrage frappée de nullité et de caducité si le contrat principal ayant été annulée par la volonté des parties (Cass. Civ. 1re, 11 juillet 2006, Bull. 2006, I, n°364). Plus rarement, la haute juridiction approuva la décision des juges du fond sur l'inapplicabilité manifeste de la clause compromissoire : la clause

motifs de nullité de la convention doivent ainsi être manifestes, tel n'est par exemple pas le cas si l'accord a prévu la désignation de deux institutions arbitrales, la volonté de compromettre étant ainsi claire, seul le constat d'un défaut de volontés concordantes qui rendrait la convention inapplicable. L'insuffisance de la convention rend donc impossible au stade de la constitution conventionnelle la désignation de l'arbitre et de ce fait rend inefficace le processus arbitral sans pour autant le rendre inapplicable. Ces clauses d'arbitrage incomplètes appelées «clauses blanches» ou *bare arbitration clause* en droit anglo-saxon «se borne ainsi à stipuler que tout litige sera réglé par arbitrage, sans prévoir d'aucune façon comment les arbitres seront désignés[195]». Dès lors, il est ainsi nécessaire pour celui qui serait naturellement

---

compromissoire a été insérée dans les conditions générales de vente de la société en cause postérieurement à la date des prestations fournies (Cass. Civ. 1re, 27 avril 2004, Bull. 2004, I, n°112).

[195] El Mehdi Najib (M), *L'intervention du juge dans la procédure arbitrale,* préc. p.154.

le plus à même de remplir l'exigence d'impartialité que la fonction suppose qu'est le juge, d'intervenir dans la désignation des arbitres. Le CPCM dispose ainsi dans son article 454-1 paragraphe 3 qu'en présence d'un tribunal arbitral avec trois arbitres, chacune des parties disposent du droit de nommer chacun un arbitre, le troisième étant désigné par les deux arbitres nommés par les parties.

Deux situations pourraient arriver. Soit l'une des parties, dans le but de ralentir l'instance arbitrale, décident de ne pas designer «son[196]» arbitre dans le délai imparti de trente jours après réception de la demande en ce sens. Soit les deux arbitres ne se mettent pas d'accord sur la nomination d'un troisième arbitre dans le même délai de trente jours pour composer le tribunal arbitral. Dès lors, la loi malgache permet ainsi à une des parties de saisir le juge étatique –soit le premier président de la CA-

---

[196] Même si certains auteurs répugnent ce terme, à bannir du vocabulaire de l'arbitrage selon eux, note de Pierre Bellet : Paris, 5 mai 1989, Rev. Arb. 1989, 723, p.731.

statuant par voie de référé[197] afin qu'il puisse pallier à l'incident en nommant un arbitre lui-même. Cette saisine ne pourra néanmoins se faire que si le lieu de l'arbitrage est situé à Madagascar ou que si les parties ou par le tribunal arbitral se sont convenues de soumettre l'arbitrage à la loi de procédure malgache[198]. Pour faciliter le choix approprié du juge, certaines législations comme le droit marocain prévoient une liste d'arbitres maintenue auprès du procureur général de la CA, sans pour autant éluder intégralement le risque que soit toujours les mêmes personnes qui soient nommées[199]. Dans le cas d'un arbitre unique, si les deux parties ne peuvent s'accorder sur le choix de l'arbitre, ce dernier est nommé sur la demande d'une partie par ordonnance de référé du premier président de

---

[197] La procédure de référé est organisée par les articles 223 à 231 du CPCM.

[198] Article 452 alinéa 5 du CPCM.

[199] «Pourtant, notamment les ordonnances émises par le tribunal de Casablanca stipulent malheureusement à chaque fois les mêmes noms d'arbitres quel que soit le domaine traité», in El Mehdi Najib (M), *L'intervention du juge dans la procédure arbitrale*, préc. p.44.

la CA. Toutefois, ces dispositions du CPCM semblent ne pas être suffisantes. En effet, elles organisent les moyens de faire face à des risques de blocage en fonction des règles légales, mais omettent toutes solutions par rapport à des blocages découlant de la constitution conventionnelle du tribunal arbitral. Il en est par exemple du la constitution du tribunal par un tiers préconstitué ou d'arbitres en nombre pair d'autant plus que le droit malgache ne l'a pas expressément interdit. C'est en ce sens que la loi-type de la CNUDCI règle en son article 11 paragraphe 4 le problème de de l'intervention du juge étatique en cas de difficulté de constitution du tribunal arbitral découlant de la convention des parties en disposant que «lorsque, durant une procédure de nomination convenue par les parties: a) une partie n'agit pas conformément à ladite procédure ; ou b) les parties, ou deux arbitres, ne peuvent parvenir à un accord conformément à ladite procédure ; ou c) un tiers, y compris une institution ne s'acquitte pas d'une fonction qui lui est conférée dans ladite procédure, l'une ou l'autre partie peut prier le tribunal ou autre autorité visée à l'article 6 de prendre la mesure voulue, à moins que la convention relative à la procédure de nomination ne stipule d'autres moyens d'assurer cette nomination». Cette disposition a le mérite d'être complète mais le décret français de 2011 a adopté en ce sens une solution moins prolixe en énonçant à l'article 1454 du CPCM que «tout autre différend lié à la constitution du tribunal arbitral est réglé, faute d'accord des parties, par la personne chargée d'organiser l'arbitrage ou, à défaut, tranché par le juge d'appui». Les différends concernant le tribunal arbitral sont ainsi soumis au juge d'appui en cas de défaillance de la constitution conventionnelle notamment lors de la réformation du tribunal arbitral.

c) L'assistance du juge dans la réformation du tribunal

45. Le juge d'appui peut également intervenir au cours de l'instance arbitrale en réformant le tribunal arbitral en révoquant l'arbitre incapable d'exercer sa mission, en assistant la procédure de récusation de l'arbitre dont l'impartialité et l'indépendance sont fortement mises en cause. Dans les deux cas, il est nécessaire de remplacer l'arbitre révoqué

ou récusé, tache revenant au juge étatique en cas de défaut d'accord unanime des parties.

- <u>La révocation de l'arbitre</u>

46. Le mandat des arbitres dans la mission qui lui est confiée par les parties, un tiers préconstitué ou le juge étatique n'est pas définitif. En effet, outre le fait que sa mission se termine lors de la clôture de la procédure arbitrale, généralement[200] au moment du prononcé de la sentence définitive ou lors de l'ordonnance de clôture prise par le tribunal arbitral, il est possible que la mission de l'arbitre prenne fin bien antérieurement à la clôture de la procédure arbitrale et involontairement de sa part. Cette procédure de révocation de la mission arbitrale – la

---

[200] Le mandat du tribunal arbitral se termine après la clôture de la procédure arbitrale sous réserve de rectification, interprétation et sentence additionnelle (article 461-5 du CPCM pour le droit malgache) ou de suspension de la demande en annulation afin que le tribunal arbitral puisse prendre des mesures correctives si cela est possible afin d'éliminer les motifs d'annulation (article 462 paragraphe 4 du CPCM).

révocation s'entendant comme «le fait, pour une personne, de retirer les pouvoirs accordés à une autre[201]», est organisée en droit malgache par l'article 454.4 du CPCM. Le CPCM prévoit ainsi les motifs de cette révocation, que ce soit une «impossibilité de droit ou de fait» soit «pour d'autres raisons», qui empêcheraient l'arbitre de remplir la mission convenue. Ainsi, la loi sanctionne la négligence de l'arbitre dans un processus arbitral organisé de manière à rendre une justice vouée à être rapide[202] eu égard aux besoins de la société mercantiliste internationale. La loi n'a toutefois pas précisé les motifs d'impossibilité *de jure* ou *de facto* pouvant justifier la révocation de l'arbitre. La maladie rendant l'arbitre inapte pour sa fonction, sa démission, son décès, sa condamnation de manière définitive en matière pénale sont autant de raisons de son empêchement. Les parties pourront prévoir de

---

[201] *Lexique des termes juridiques* sous la direction de S. Guinchard et T. Debard, *op. cit.* p. 838.

[202] Jarrosson (C), *Arbitrage commercial, droit international,* Jurisclasseur Commercial, Fasc. 203, 1998, n°3.

manière explicite ces causes d'empêchement d'autant plus que le CPCM permet d'invoquer «d'autres raisons», autant que le tiers préconstitué, si les parties l'ont désigné pour organiser la désignation du tribunal arbitral, la seule limitation de la loi étant le temps d'inaction de l'arbitre de plus de trente jours. La révocation de l'arbitre défaillant ou incapable pourra se faire par convention des parties à l'arbitrage ou si un centre d'arbitrage a été sollicité dans la procédure d'arbitrage, selon le règlement[203] de celui-ci. En cas de désaccord des parties dans la révocation de l'arbitre, si l'arbitre refuse de se déporter lui-même en dehors de tout règlement d'arbitrage – cas de l'arbitrage *ad hoc*, l'une de parties pourra saisir le premier président de la CA statuant par ordonnance de référé insusceptible de recours pour statuer sur la révocation et sur la réalité du motif invoqué.

- <u>La récusation de l'arbitre</u>

---

[203] Le Règlement d'Arbitrage du CAMM prévoit, entre autres causes de révocation, le non-respect du Code de Déontologie des arbitres du CAMM (article 10.2).

47. L'impartialité et l'indépendance du tribunal sont parmi les fondements de la bonne justice si bien qu'elle a été reconnue par la plupart des textes internationaux auxquels Madagascar a adhéré[204]. En matière arbitrale, le fait que le tribunal possède un caractère juridictionnel semblable aux juridictions étatiques les soumet aux règles d'impartialité et d'indépendance. Ce sont des conditions légales de la fonction d'arbitre même si la conception de l'indépendance et de l'impartialité n'est pas similaire dans toutes les juridictions. En effet, certains

---

[204] Article 10 de la Déclaration universelle des droits de l'homme : «toute personne a droit, en pleine égalité, à ce que sa cause soit entendue équitablement et publiquement **par un tribunal indépendant et impartial**, qui décidera, soit de ses droits et obligations, soit du bien-fondé de toute accusation en matière pénale dirigée contre elle» ; article 14 du Pacte international relatif aux droits civil et politiques du 19 décembre 1966. Madagascar a adhéré à ces deux textes.

systèmes comme le droit américain[205], imbu d'une vision pragmatique de l'arbitrage, reconnaissent une distinction entre les arbitres désignés par chacune des parties –non neutres- dont la défense de leurs clients serait légitime et d'autres désignés d'un commun accord seraient par contre tenus d'une obligation d'indépendance et d'impartialité. Le droit français[206] autant que le droit malgache ont adopté un système analogue à la plupart des législations des pays, l'arbitre est et doit demeurer neutre pendant toute la procédure arbitrale jusqu'au prononcé de la sentence quel que soit la personne ou l'autorité qui l'a désigné. C'est ainsi que l'article 452.2 paragraphe 1er du CPCM dispose que «lorsqu'une personne est pressentie en vue de sa nomination éventuelle en qualité d'arbitre, elle signale toute cause de nature à soulever des doutes

---

[205] Il en est par exemple du règlement d'arbitrage interne de l'American Arbitration Association (AAA).

[206] Article 1456 du Décret n°2011-48 du 13 janvier 2011 portant réforme de l'arbitrage.

légitimes sur son impartialité sur son indépendance. A partir de la date de sa nomination et durant toute la procédure arbitrale, l'arbitre signale sans tarder de telles causes aux parties, à moins qu'il ne l'ait déjà fait». Cela a été ensuite confirmé par le Règlement d'arbitrage du CAMM disposant dans son article 8.2 que «lorsqu'un arbitre a été choisi par une partie et confirmée par le Comité de médiation et d'arbitrage, celui-ci s'interdit de se considérer comme le représentant des intérêts de cette partie» et en faire part immédiatement le Secrétariat général dès que toute circonstance nouvelle pourrait affecter son indépendance et son impartialité dans la conduite de l'affaire. Il reste ainsi à déterminer ces motifs, les moyens mis en œuvre pour que ces obligations soient respectées et puis finalement la procédure de récusation si ces obligations n'ont pas été respectées.

48. L'indépendance suppose l'absence de pressions susceptibles d'affecter le jugement de l'arbitre, l'impartialité, elle, se réfère à l'absence de préjugé ou de parti pris ou plus généralement de «l'absence

de circonstances caractérisant par l'existence de liens matériels ou intellectuels avec l'une des parties en litige, une situation de nature à affecter le jugement de l'arbitre en faisant apparaitre un risque certain de prévention à l'égard d'une partie à l'arbitrage[207]». Par son indépendance, l'arbitre est ainsi exclusif de tout lien de dépendance, avec les parties et les circonstances invoquées pour contester cette indépendance doivent se caractériser par l'existence de liens matériels et intellectuels, une situation de nature à affecter le jugement de l'arbitre en constituant un risque certain de prévention à l'égard d'une des parties à l'arbitrage. Les juridictions françaises ont ainsi précisé au fil de sa jurisprudence en la matière des cas où les arbitres ont été estimés comme n'étant pas indépendant : un arbitre qui en cours d'instance arbitrale

---

[207] CA de Paris, 28 juin 1991, JurisData n°1991-023290, cit. par Me Caroline Derache, avocate parisienne, in *Indépendance et impartialité de l'arbitre en droit français*, La Semaine Juridique Entreprise et Affaires n°31, aout 2012, 1480.

poursuit une mission personnelle et rémunérée de conseil et d'assistance technique auprès de l'une des parties à l'arbitrage[208], un autre, qui au moment du compromis le désignant comme arbitre remplaçant, était encore le consultant rémunéré d'une société dépendant du groupe auquel appartenait l'une des parties à l'arbitrage ou encore un arbitre embauché par une des parties dès le lendemain du prononcé de la sentence[209]. Dans le cas de *l'affaire Tapie*, la machination a consisté dans les rapports occultes entretenus par la partie et son conseil avec l'arbitre dans le dessein de rendre par la ruse une sentence favorable à cette partie. La fraude reposait ainsi sur le défaut d'indépendance et d'impartialité caractérisé de l'arbitre, en conséquence duquel l'arbitre a œuvré pour obtenir la

---

[208] TGI de Paris, 15 janvier 1988, Revue arbitrage 1988, 316, note J. Robert.

[209] CA de Paris, 2 juillet 1992, *Société Raoul Duval c/ Société Merkuria Sweden*, inédit.

sentence favorable souhaitée[210]. L'impartialité de l'arbitre, est ainsi une notion plus diffuse et subjective que ne l'est l'indépendance. En effet, les pratiques ont eu plus de difficulté pour qualifier cette notion, la jurisprudence suisse a, par exemple, réfuté les accusations ne reposant que sur le seul sentiment subjectif d'une partie et non sur des faits concrets propres à justifier objectivement et raisonnablement la méfiance chez une personne réagissant normalement[211]. C'est ainsi au niveau des auteurs spécialistes de la question que la réponse semble être la plus précise en distinguant les circonstances suivantes pour caractériser l'impartialité, il en est par exemple le cas lorsque l'arbitre désigné a déjà connu du litige ou d'un litige connexe dans un arbitrage antérieur

---

[210] V° en ce sens, Henry (M), *Les affres d'un préjudice moral immoral*, note sous CA de Paris, 17 février 2015, *Tapie*, préc.

[211] Tribunal fédéral, 11 mai 1992, Bull. 151, 1992, 381.

où l'objectivité nécessaire dans l'activité juridictionnelle irait à manquer. En outre, les auteurs invoquent également comme raison d'impartialité le fait d'une attitude antérieure de l'arbitre qu'une partie estime être partiale à son égard, le cas le plus répandu étant une prise de position dans un débat d'ordre général qui serait contraire aux intérêts des parties sous la condition de preuve que les propos allégués soient de nature à démontrer une inimitié de l'arbitre à son égard ou qu'ils révèlent un dommage réel en ce sens[212]. D'autres praticiens ont invoqué la nationalité de l'arbitre comme pouvant susciter un doute sur l'impartialité de l'arbitre en matière d'arbitrage commercial international. Néanmoins, comme la plupart des législations sur l'arbitrage international, l'article 454.1

---

[212] V° en ce sens, Fouchard (P), Gaillard (E), Goldman (B), *Traité de l'arbitrage international, op.cit.,* n°1028, p.582 cit. par Pierre Boubou, *L'indépendance et l'impartialité de l'arbitrage en droit OHADA,* Revue Camerounaise de l'Arbitrage, n°9, Avril-Mai-Juin 2000, p.3.

paragraphe 1er du CPCM établit un principe de non-discrimination de l'arbitre dans sa désignation en raison de sa nationalité sauf accord contraire des parties. Les parties ou le tiers préconstitué en charge de la désignation de l'arbitre sous l'autorisation des parties pourront ainsi limiter la nomination d'un arbitre selon sa nationalité qui pourrait porter un doute sur son impartialité. C'est en ce sens que les règlements d'arbitrage du CAMM, de la CIA de la CCI, de la LCIA-MIAC prévoient tous que l'arbitre unique ou le président du tribunal arbitral ne pourra avoir la même nationalité que les parties sauf si celles-ci et notamment celle qui n'a pas la nationalité de l'arbitre y consent dans le délai imparti par le centre d'arbitrage[213]. Dans tous ces cas, les obligations d'indépendance et d'impartialité sont ainsi des obligations légales de tout arbitre en matière

---

[213] Article 7 al.4 du RA du CAMM; article 13 al.5 du RA de la CIA de la CCI ; article 6 al.1 du RA du LCIAMIAC.

d'arbitrage international, les «doutes légitimes» sur l'arbitre pouvant être soulevées par l'arbitre «pressenti» ou confirmé lui-même à tout moment, les parties ou aussi bien par le centre d'arbitrage en charge de l'affaire selon ses règlements et venant en combinaison d'autres obligations conventionnelles. De cela, la question de savoir la mise en œuvre de moyens juridiques ou conventionnels pour les faire respecter s'impose.

49. Le CPCM dispose dans son article 454.2 al. 1er que si une personne est pressentie en vue de sa nomination éventuelle en qualité d'arbitre, elle doit signaler toutes causes de nature à soulever des doutes légitimes sur son impartialité ou sur son indépendance et l'arbitre en est requis aussi bien durant toute la durée de l'instance arbitrale lorsqu'il a été choisi par les parties, un tiers préconstitué ou le juge étatique. De cette obligation légale permanente de l'arbitre découle pour ce dernier une obligation conventionnelle envers les parties et le centre d'arbitrage auquel il est agréé à divulguer toute

information susceptible de porter atteinte à son impartialité et son indépendance. C'est en ce sens que le Code de Déontologie des arbitres du CAMM – autant que la plupart des codes d'éthique et de déontologie des centres d'arbitrages majeurs- reconnait cette obligation de révélation prévue par son article 2 comme étant un corollaire des principes d'indépendance et d'impartialité et une des obligations fondamentales de la fonction d'arbitre autant que celle de célérité, de loyauté, de confidentialité dont le manquement pourrait entrainer la radiation définitive de l'arbitre de la liste du CAMM outre l'engagement de sa responsabilité si le fait ayant créé le doute serait prohibé par la loi applicable. L'obligation d'information de l'arbitre s'impose donc à lui en tout temps et en toutes circonstances, avant ou après sa désignation, qui pourraient créer des «doutes légitimes» – selon les termes de l'article 454.2 paragraphe 1er du CPCM – sur son impartialité et son indépendance. La CA de Paris a toutefois précisé l'étendue de cette obligation établie en droit français par l'article 1456 du CPCF[214] en décidant que l'obligation d'information «doit s'apprécier au regard à la fois de la notoriété de la situation critique et de son incidence raisonnablement prévisible sur le jugement de l'arbitre». En d'autres termes, une situation notoire ou une qui serait en connaissance du plus grand nombre de public pourra dispenser l'arbitre de son obligation d'information[215]. En cas d'arbitrage

---

[214] Article 1456 du CPCF: «Il appartient à l'arbitre, avant d'accepter sa mission, de révéler toute circonstance susceptible d'affecter son indépendance ou son impartialité. Il lui est également fait obligation de révéler sans délai toute circonstance de même nature qui pourrait naitre après l'acceptation de sa mission».

[215] CA de Paris, 28 octobre 1999, RG n°2001/15002, JurisData n°2002-207081 ; v° également CA de Paris (Pôle 1-Ch.1), 16 décembre 2010, *SAS Nidera France c/ Sté Leplatre*, Rev. Arb. 2011, n°1 : dans l'ignorance de l'existence d'une cause de récusation au moment de la désignation du tribunal arbitral, une partie est fondée à l'invoquer ensuite pour en demander l'annulation. Tel n'est pas le cas lorsqu'il est de notoriété publique

institutionnel, le centre d'arbitrage est également tenu – du moins conventionnellement – de faire preuve de diligence afin de connaitre ces motifs personnels ou professionnels de l'arbitre pouvant nuire à la bonne justice arbitrale. Le Règlement d'arbitrage de la CIA de la CCI prévoit ainsi dans son article 11 la déclaration préalable d'acceptation, de disponibilité, d'impartialité et d'indépendance de l'arbitre pressenti[216]. Il est en outre requis de se conformer en tout temps à cette déclaration en signalant au Secrétariat de la CIA par écrit tout fait pouvant alléguer d'une impartialité ou d'indépendance pendant le déroulement de sa mission arbitrale. Outre cela, l'arbitre est également soumis au règlement d'arbitrage du centre auquel il est rattaché, certains centres prévoient

que l'un des arbitres est le président d'une fédération professionnelle, et que la recourant, qui avait connaissance avant l'audience de la composition du tribunal arbitral, n'a pas entendu récuser cet arbitre.

[216] Cette disposition a été reprise par le RA du CAMM dans son article 8 al. 1er.

également des codes de déontologie des arbitres comme l'est le CAMM, auxquels les arbitres agréés devront se conformer. Si ces doutes précisent une partialité ou une cause de dépendance de l'arbitre, il est ainsi requis de procéder à sa récusation.

50. La procédure de récusation de l'arbitre est prévue en droit malgache par l'article 454-3 du CPCM. Elle énonce ainsi la possibilité d'organisation de la récusation par accord de parties elles-mêmes, soit en se convenant de la soumission du litige à un tiers préconstitué généralement un centre d'arbitrage disposant de son propre règlement d'arbitrage. Il peut également arriver en cas de différend sur le maintien de l'arbitre que le recours envers le PPCA d'Antananarivo pour examiner la demande de récusation soit ouvert. Les parties sont donc libres de convenir d'elles-mêmes la procédure de récusation dans leur convention d'arbitrage. Loin de sanctionner une convention insuffisante en la matière, la loi autorise les parties à recourir au règlement d'arbitrage du centre d'arbitrage qu'elles ont choisi pour que celui-ci statue sur la procédure de

récusation de l'arbitre, la seule limite étant que si un arbitre ne se récuse pas lui-même ou qu'un différend naisse entre les parties sur son maintien, c'est le juge étatique en occurrence le PPCA d'Antananarivo qui sera compétent pour statuer en la matière par ordonnance de référé insusceptible de recours. Préalablement à cette saisine du juge étatique, néanmoins, la partie récusante devra saisir le tribunal arbitral – en cours d'instance arbitrale- et lui exposer par écrit dans un délai de quinze jours à compter de la date à laquelle elle a eu connaissance des motifs pouvant créer des doutes légitimes sur un arbitre quant à son impartialité ou son indépendance ou de la date à partir de laquelle elle a eu connaissance de la constitution du tribunal arbitral afin que l'arbitre concerné se récuse ou que l'autre partie non récusante[217] accepte les motifs comme

---

[217] Car une partie ne peut récuser l'arbitre qu'elle a nommé ou à la nomination duquel elle a participé sauf pour une cause dont elle aurait été en connaissance après la constitution du tribunal arbitral (article 454.2 al.2 du CPCM).

étant légitimes et ainsi procéder à la récusation. La partie récusante en cas de différend –soit l'arbitre ne se récuse pas soit l'autre partie n'adhère pas à la solution de la récusation de son arbitre[218]– pourra donc saisir le juge étatique dans les 30 jours de la date de l'exposé au tribunal arbitral ; la procédure arbitrale n'étant pas suspendue par cette saisine. Au point de vue de l'arbitrage institutionnel, l'article 454.3 al.4 du CPCM dispose que le tribunal arbitral devra opposer une fin de non-recevoir à toute demande de

---

[218] Cette approche est dans l'optique de la loi-type (article 13) et aussi de la plupart des législations nationales, du droit français (article 1456 du CPCF), du droit mauricien (article 14 du *Mauritian International Arbitration Act*). Néanmoins, la loi-type et la loi mauricienne prévoient comme début du droit d'action devant le juge étatique la date de communication de la décision de rejet de la demande de récusation. En droit malgache, le point de départ du délai d'action de 30 jours devant le PPCA d'Antananarivo est la date de l'exposé écrit de la situation litigieuse devant donner lieu à récusation. La procédure prévue par la loi-type nous semble plus protectrice d'une bonne justice.

récusation qui lui est présentée. La loi entend ainsi donner une prééminence pour la résolution du différend au tiers préconstitué choisi par les parties puisque la plupart des règlements d'arbitrage organise cette procédure, le juge étatique n'intervenant qu'en dernier et ultime recours. Le RA de la CIA prévoit ainsi dans son article 14 les règles pour la récusation des arbitres – plus précise que ne l'est celui du CAMM en cette matière[219]- soit en premier lieu la demande de récusation qui devra pour être recevable statuer sur le motif alléguant du défaut d'impartialité ou d'indépendance de l'arbitre ou «si celui-ci ne possède pas les qualifications convenues par les parties[220]» dans une déclaration écrite déposée au secrétariat de la cour et être

---

[219] Le RA du CAMM (article 9) prévoit la procédure suivante pour la récusation de l'arbitre: la partie récusante dépose une demande motivée au CAMM dans les 15 jours de la survenance de la cause ou de sa révélation. La suite se fait donc par référence aux dispositions de l'article 457.3 al.3 et ss. du CPCM.

[220] Article 454.2 al.2 du CPCM.

déposée soit dans les 30 jours de la réception de la notification de la désignation de l'arbitre soit dans les 30 jours suivant la date à laquelle elle a été informée des circonstances en appui de la demande en récusation. Soit en second lieu, la cour arbitrale qui va statuer sur le bien-fondé de la demande après une phase d'information de l'arbitre concerné et de l'autre partie afin qu'ils émettent leurs observations écrites sur ce point conformément au respect de la contradiction. Si l'arbitre concerné se trouve être révoqué ou récusé selon les conditions de recevabilité et de forme ci-dessus, il est ainsi nécessaire de le remplacer, qui faute d'accord des parties, pourrait requérir l'intervention du juge.

- <u>Le remplacement de l'arbitre</u> <u>révoqué ou récusé</u>

51. L'arbitre ayant fait l'objet de révocation ou de récusation ou encore pour toutes autres raisons ne le faisant plus partie du tribunal arbitral, il est ainsi requis de poursuivre la mission arbitrale de celui-ci en désignant une autre personne pour remplacer l'arbitre

concerné. En droit malgache de l'arbitrage, l'article 454.5 du CPC dispose que dans ces cas-là, «un arbitre remplaçant est nommé conformément aux règles qui étaient applicables à la nomination de l'arbitre remplacé». La désignation du remplaçant est ainsi identique aux règles de nomination de l'arbitre qu'il remplace[221].

Paragraphe 2)   Le financement de l'arbitrage

52. L'arbitrage étant une procédure privée de résolution des litiges, le principe de déroulement de la procédure en matière civile de manière gratuite-quoique lui aussi remis en cause- ne s'impose pas de manière expresse en matière arbitrale[222]. L'arbitrage est en effet une justice payante. L'on invoque en ce sens

---

[221] Pour la règle de désignation de l'arbitre, v° *supra*, p.52-57.

[222] Cependant, l'arbitrage en tant que mode de résolution de conflits collectifs de travail, obligatoire et ultime car sans possibilité de recours, est lui gratuit (article 225 du Code de travail malgache).

que le recours à l'arbitrage couterait cher[223] dans la mesure où il faut rémunérer non seulement les conseils des parties mais aussi et surtout les arbitres (b) et les centres d'arbitrage sans compter l'argent incombant aux parties (a). Toute difficulté en la matière sera ainsi amenée à être résolue par le juge étatique.

a) L'argent des parties

53. La question pécuniaire au regard des parties à la convention d'arbitrage est essentielle que ce soit en cas d'absence ou en cas d'excès d'argent.

-      La question de l'impécuniosité des parties

54. L'arbitrage s'opère de manière privée sans recours aux bénéfices des juridictions étatiques, qui, par l'autorisation de la loi, protège la partie impécunieuse pour un égal

---

[223] L'arbitrage comme une justice de luxe a été souvent invoquée, v° en ce sens, Racine (J-B), *La marchandisation du règlement des différends : le cas de l'arbitrage*, in *Droit et marchandisation*, E. Loquin et A. Martin (dir.), Lexis-Nexis Litec, 2010, p.321.

accès à la justice[224]. En réalité, le principe de gratuité de la justice n'est pas si intégral que cette disposition constitutionnelle ne le prévoit puisqu'il n'est en soi réel en matière civile que pour certains litiges dont ceux concernant le droit du travail[225]. Pour ce qui concerne l'arbitrage, il est clair dans son fondement qu'il est un «mode rémunéré[226]» de résolution des litiges. A part de rares exceptions, en effet, où l'arbitrage est obligatoire, elle est libre et les parties ont la

---

[224] Article 13 al.5 de la Constitution de Madagascar de 2010 (JORM n°3350 du 20 janvier 2011, p.585-119) : «la loi assure à tous le droit de se faire rendre justice, et l'insuffisance des ressources ne saurait y faire obstacle».

[225] Article 1er de l'Ordonnance n°60-120 du 1er octobre 1960 déterminant la procédure à suivre devant les juridictions du travail (JORM n°125 du 8 octobre 1960 p.2024) : «La procédure devant les tribunaux du travail et devant la juridiction d'appel est gratuite».

[226] Gaillard (E), *Rapport de synthèse: l'argent de l'arbitrage*, Walid Ben Hamida et Tomas Clay (dir.), Lextenso éd., 2013, p.192.

pleine disponibilité du litige dont elles voudraient soumettre la matière au tribunal arbitral quitte à en payer le prix, même si la question pécuniaire varie selon le type d'arbitrage, *ad hoc* ou institutionnel ; le premier apparaissant plus abordable. La loi malgache sur l'arbitrage autant que le décret français de 2011 n'abordent pas expressément l'impécuniosité d'une des parties à l'arbitrage. Il faut ainsi se référer aux décisions judiciaires pour déceler une réponse à cette question. Une décision du tribunal de commerce de Paris du 17 mai 2011 abonde en ce sens en arguant que dans un litige portant sur l'arbitrage commercial international un plaideur impécunieux puisse échapper pour cette seule raison à une clause compromissoire librement convenue en ce sens qu'il[227] «n'est pas non plus contesté que la saisine du tribunal arbitral danois se heurte à l'obligation qui est faite au requérant de consigner des frais divers (provision, frais de dossier, d'enregistrement)

---

[227] Gaillard (E), *Rapport de synthèse: l'argent de l'arbitrage*, préc. p.195.

afin que l'affaire soit enrôlée[228]». Le tribunal de commerce en a alors déduit que «l'impossibilité matérielle pour Mil-Tek France de se pourvoir devant une juridiction en raison d'une clause contractuelle, constitue une restriction de l'accès au juge qui doit conduire le tribunal à déclarer cette obligation nulle et de nul effet». La cour d'appel de Paris[229] saisie de la question n'a pourtant pas soulevé la question puisque l'appel a été rejeté pour d'autres motifs laissant ainsi les praticiens de l'arbitrage sur leur faim. La réponse jurisprudentielle ne pouvait ainsi provenir que d'autres juridictions peu ou prou enclines à favoriser l'arbitrage. Il en est ainsi d'un arrêt de la Cour Suprême des Etats-Unis en 2000[230] admettant que si l'arbitrage convenu par les parties apparait comme *prohibitively expensive* la partie impécunieuse

---

[228] Tribunal de commerce de Paris, jugement du 17 mai 2011, *Mil-Tek-France*, RG n°2011003447.
[229] CA de Paris, 7 novembre 2012, RG, n°12/02305.

[230] Cour suprême des Etats-Unis, 11 décembre 2000, *Green Tree Financial Corp. - Alabama et al. c/ Randolph*, 531 US 79 (2000).

pourra y échapper en portant le différend devant les juridictions étatiques. La haute juridiction américaine invoque ainsi que c'est la partie n'ayant pas les moyens financiers de poursuivre le jeu de la convention d'arbitrage qui devra prouver le caractère prohibitif du cout de l'arbitrage. La justice allemande est également allée dans le même sens en admettant le droit pour une partie impécunieuse de ne pas être imposée à l'arbitrage[231]. De cette question du manque d'argent entraine également la considération de l'intervention d'un tiers pour financer l'arbitrage au nom de l'une des parties. En effet, il n'est pas interdit – du moins dans la plupart des législations sur l'arbitrage international- que ce genre de mécanisme puisse être mis en œuvre, si tant est que le «bon samaritain» se rende compte que des problèmes financiers peuvent se retrouver lors du prononcé de la sentence arbitrale[232].

---

[231] Cour fédérale de justice allemande, 14 septembre 2000, BGH III ZR 33/00.

[232] Notamment pour les sociétés de financement «de savoir contre qui la partie victorieuse peut se retourner pour recouvrer la charge de ses propres frais lorsque la

-    L'excès d'argent

55. C'est ici que la critique sur la procédure arbitrale comme mode de règlement des conflits apparait la plus vive. En effet, l'évolution récente de l'arbitrage est considérée comme ayant créé un *bonanza profits for investment lawyers*[233]. Au-delà de ce manifeste anti-arbitrage dont certaines organisations font l'apanage, toutefois, il ne pourrait être éludé que l'évaluation de l'arbitre est essentielle dans la légitimation de la justice arbitrale surtout aux yeux des sceptiques. Il est pourtant aberrant qu'autant que le droit malgache de l'arbitrage, le décret français de 2011 n'ait pas réglementé l'appréciation saine de la réalité économique

---

partie financée par un tiers a perdu et a été condamnée au paiement des frais de l'arbitrage», Gaillard (E), préc. p.195.

[233] Eberhardt (P) et Olivet (C), *Profiting from injustice, how law firms, arbitrators and financiers are fuelling on investment arbitration boom,* rapport publié par le *Corporate Europe Observatory* et le *Transnational Institute,* novembre 2012, Nouvelles Imprimeries Havaux.

lors de la condamnation d'une partie dans l'arbitrage afin d'éviter qu'un montant excessif soit octroyé par rapport au préjudice réellement subi. Tel était le cas par exemple lorsque la CA de Paris a ordonné la rétractation de deux sentences arbitrales en 2008, qui avaient octroyé -entre autres dommages-intérêts- aux époux Tapie pour préjudice moral subi un montant «astronomique» de 45 millions € suivant des prétendues fautes de leur mandataire dans la vente de la société Adidas dont ils détenaient une part importante de l'actionnariat[234]. Cette facilité que le tribunal arbitral ne devrait pas avoir sous risque de perdre sa réputation d'intégrité pourrait faire aboutir à une légitimation d'une sorte de «bonus arbitral». C'est en ce sens que les arbitres français, inspirés par leurs homologues anglais- ont

---

[234] Henry (M), *Les affres d'un préjudice moral immoral*, note sous CA de Paris, 17 février 2015, *Tapie*, préc. p.9. La décision de la CA de Paris a été ultérieurement confirmée par la haute juridiction civile, Cass. Civ. 1re, 30 juin 2016, *Bernard Tapie et Sté Bernard Tapie c/ CDR Créances et a.* n°15-13.755.

commencé à appliquer la méthode DCF –
Discounted Cash-Flow- comme méthode
d'évaluation incluant une estimation future
des profits pouvant être engendrés par la
société lésée même s'il faut relativiser sur son
efficacité, la société concernée devant être
bien établie et que cet optimisme futur soit
bien au rendez-vous, les aléas de la
conjoncture étant parfois ingouvernables. Les
tribunaux arbitraux sous peine de délégitimer
le système en entier devront ainsi rechercher
des solutions capables d'empêcher qu'une
partie s'octroie plus qu'elle n'en a droit.

**b) Le contentieux de la rémunération de
l'arbitre**

56. L'avocat Fréderic Ranjeva faisait déjà
remarquer lors de l'adoption de la loi
initiale sur l'arbitrage à Madagascar en
1998 de l'absence de dispositions
concernant le cout de l'arbitrage[235], autant
cette question a été abondamment
débattue ailleurs et les modifications de la

---

[235] Ranjeva (F), *Les nouvelles règles de l'arbitrage à
Madagascar*, préc. p.8.

loi en 2001 n'y ont rien changé. Il pourrait en être déduit qu'autant que le pouvoir réglementaire français dans la prise du décret de 2011[236], le législateur malgache ne voulait prévoir cette question dans le texte fondamental en matière d'arbitrage et en laissant aux parties et aux arbitres et incidemment les centres d'arbitrage de convenir de la question financière due aux arbitres en fin d'instance arbitrale. Ainsi, les parties et l'arbitre sont permis de prévoir dans le contrat d'investiture –qui est la figure contractuelle des relations entre eux- la rémunération des arbitres. Cela suppose de soulever l'enjeu des méthodes de calcul de ces rémunérations ainsi que la charge définitive de leur règlement. En ce qui concerne les méthodes de calcul des honoraires des arbitres, trois approches sont disponibles soit en fonction du montant du litige en jeu (*ad valorem*) –celles adoptées par la

---

[236] D'autres législations ont pris les «taureaux par les cornes» et ont légiféré la question des frais et honoraires d'arbitrage, par exemple, le droit mauricien de l'arbitrage international, particulièrement dans les articles 18 et 21 du *Mauritian Arbitration Act of 2008.*

plupart de centres d'arbitrages dont le CAMM selon un barème de frais administratifs et d'honoraires et variant selon le nombre d'arbitres[237]- soit selon un taux journalier (*per diem*) ou horaire, soit selon un taux forfaitaire et global. Dans l'article 33 de son Règlement d'Arbitrage, le CAMM fait également une distinction entre les frais administratifs perçus par le centre, les honoraires des arbitres, les frais d'expertise ainsi que les frais de déplacement et autres indemnités des témoins préalablement approuvés par le CAMM. Une provision pour frais d'arbitrage est ainsi due à parts égales entre le demandeur et le défendeur sauf s'il y a besoin de réajustements dus notamment du fait de demande reconventionnelle chiffrée (article 5.2 du RA du CAMM). Cette prévisibilité du cout de l'arbitrage est importante en ce qu'elle évite une remise en cause ultérieure néfaste dans la bonne

---

[237]

http://www.camm.mg/index.php?static11/baremedesfraisethonorairesdarbitrageducamm >consulté le 29/04/2017.

organisation de la procédure arbitrale. Mais elle le serait encore plus si la charge définitive du règlement des frais d'arbitrage et honoraires serait déterminée.

57. L'article 34 paragraphe 3 du RA du CAMM précise qu'à défaut de convention contraire, la sentence finale décide à laquelle les parties incombe la charge des frais d'arbitrage tel qu'arrêté définitivement. Le RA de la CIA dans son article 34 al.1er, lui, est plus méfiant puisque la sentence rendue, n'est notifiée aux parties qu'après que les frais d'arbitrage aient été intégralement réglés par les parties ou l'une d'elles, sans néanmoins feindre du principe que c'est la sentence qui va fixer à la charge de qui les frais devront être supportés. Dans cette fixation de la charge de la preuve, toutefois, deux approches peuvent être mises en lumière. Celle, premièrement, de la progression de la conception anglaise du *costs follow the event,* en ce que la partie qui succombe au fond est généralement appelée à supporter la charge des frais du procès. Une autre

approche consiste à traiter le contentieux de la réparation des frais d'arbitrage au cours d'une audience distincte, se tenant une fois le fond de l'affaire tranché et connu des parties[238]. De tout cela, l'intervention du juge étatique n'est en soi pas opportune du moins en matière d'arbitrage institutionnel dont la prévisibilité des couts rend le recours des parties moindre. Néanmoins, en matière d'arbitrage *ad hoc*, il n'est pas à écarter que des contestations soient mises en jeu pour qu'un contrôle judiciaire *a posteriori* sur le prix de la prestation puisse se faire même si en matière de contrat de service, la validité du contrat n'exige pas que le

---

[238] Il en est par exemple de la sentence rendue dans l'affaire *Dow Chemical* (voir *infra* p.10) contre une société nationale pétrochimique koweitienne, celle sur le fond, rendue le 21 mai 2012 ayant condamné cette émanation de l'émirat koweitien au montant de 2 milliards 450 millions de dollars et une seconde sentence s'étant prononcée sur les frais de l'arbitrage.

prix du service soit fixé à l'avance par les parties[239].

Paragraphe 3) **L'intégrité du tribunal arbitral**

58. La question étudiée ici se porte sur l'obligation d'intégrité que doit entretenir le tribunal arbitral. L'intégrité s'analyse comme étant l'état d'être intact, ayant pour synonymes chasteté ou encore probité. Ramenée à la procédure arbitrale, cette obligation n'est pas en soi expressément prévue par les législations malgache et française sur l'arbitrage ni par les règlements d'arbitrage de la CIA près de la CCI ou du CAMM. Il est toutefois à considérer que l'arbitrage étant censée être une justice privée impartiale et indépendante, il apparait ainsi justifié que l'une ou l'autre des parties puisse s'attendre à ce que le tribunal arbitral fasse preuve lors de la conduite de l'instance arbitrale et lors du prononcé de la sentence

---

[239] Huet (J), *Les principaux contrats spéciaux*, Paris, LGDJ 1996, p.1184 et ss, cit. par Meyer (P), *Droit de l'arbitrage OHADA*, *op.cit.*, p.162.

arbitrale d'une intégrité particulière, équivalente si ce n'est plus que le juge étatique. Une tendance actuelle à une probité en matière arbitrale aidant, des conventions internationales – applicables immédiatement ou différées – ont été adoptées sur le plan international, tel est le cas par exemple en matière d'arbitrage investissement, de la Convention des Nations Unies sur la transparence dans l'arbitrage entre investisseurs et Etats fondé sur des traités du 10 Décembre 2014 ou «Convention de Maurice sur la transparence», que Madagascar a signé le 1er octobre 2015[240]. Précédant cette convention, la *Mauritius Arbitration Act of 2008* admet déjà dans son article 39.2 paragraphe b) iii) de la possibilité pour la cour mauricienne compétente saisie d'un recours sur la sentence arbitrale de la déclarer nulle si elle «a été obtenue ou viciée par la fraude ou la corruption». Etant donné que l'arbitrage s'opère eu égard au fait qu'il

---

240

http://www.uncitral.org/uncitral/uncitral_texts/arbitration/2014Transparency_Convention.html >consulté le 29/04/2017.

est organisé comme une justice privée, l'*imperium* lui manquant au profit des juridictions étatiques, il peut arriver que ces dernières soient habilitées sous certains systèmes à intervenir pendant l'instance arbitrale pour sanctionner une «conduite malencontreuse» ou *misconduct* de l'arbitre. Cette approche a été suffisamment critiquée notamment du fait qu'elle ouvrirait – encore une fois – une autre voie pour des manœuvres dilatoires d'une des parties afin de ralentir l'instance arbitrale risquant de nuire de ce fait à l'efficacité de l'arbitrage si jalousement défendue. Comme l'approche mauricienne, ce contrôle judiciaire est également différé en droit français de l'arbitrage international. C'est le cas du recours en annulation qui est ouverte après le prononcé de la sentence rendant possible pour le juge la sanction de l'atteinte à l'ordre public international selon les dispositions de l'article 1520 al.5 du CPCF. On peut désormais ajouter à la voie classique de l'annulation le recours en révision sous les conditions du droit commun processuel de l'article 595[241] du CPCF et également des articles 1502 et 1506[242] du CPCF en ce qui concerne l'arbitrage aussi bien interne qu'international. Cette dernière disposition est nouvelle pour l'arbitrage international. En effet, le décret de 2011 l'a étendu à l'arbitrage international puisqu'antérieurement, le recours en révision n'était applicable qu'à la seule procédure arbitrale interne. Cet ajout a ainsi permis à la

---

[241] L'article 595 al.1er du CPCF liste les 4 cas d'ouverture du recours en révision : «s'il se révèle, après le jugement, que la décision a été surprise par la fraude de la partie au profit de laquelle elle a été rendue ; si, depuis le jugement, il a été recouvré des pièces décisives qui avaient été retenues par le fait d'une autre partie ; s'il a été jugé sur des pièces reconnues ou judiciairement déclarées fausses depuis le jugement ; s'il a été jugé sur des attestations, témoignages ou serments judiciairement déclarés faux depuis le jugement».

[242] Le recours en révision en matière d'arbitrage commercial international dans le droit français, prévu par l'article 1506 du CPCF, s'applique «à moins que les parties en soient convenues autrement».

haute juridiction française[243] de confirmer l'arrêt de la CA de Paris en date du 17 février 2015 en annulant les sentences arbitrales dans l'arbitrage *Tapie*, le tribunal arbitral ayant été «surpris par la fraude», la machination consistant dans les rapports occultes entretenus par la partie et son conseil avec l'arbitre dans le dessein de rendre par la ruse une sentence favorable à ladite partie. La machination supposait de taire les liens que l'arbitre avait pu entretenir dans le passé avec M. Tapie et ses conseils et ainsi faire violer l'obligation de révélation de l'arbitre concerné de manière que l'autre partie ne puisse nourrir le moindre soupçon[244]. Pour le droit malgache, aucun renvoi direct de la partie sur l'arbitrage commercial international n'est prévu par le CPCM pour une possibilité de requête civile – l'équivalent malgache du

---

[243] Cass. Civ. 1re, 30 juin 2016, *Bernard Tapie et Sté Bernard Tapie c/ CDR Créances et a.* n°15-13.755.
[244] Henry (M), *Les affres d'un préjudice moral immoral*, note sous CA de Paris, 17 février 2015, *Tapie*, préc. p.21.

recours en révision français[245] – pourtant possible en matière d'arbitrage interne suivant l'article 450.2[246] du CPCM. Une piste de réforme en droit malgache pourrait ainsi concerner l'extension de l'admission de la requête civile à l'arbitrage international d'autant plus qu'il sera utilisé à bon escient pour permettre une voie de recours dans le cas notamment de dol ou de fraude constatés. Une utilisation abusive de l'action en révision pourrait toutefois ouvrir des recours engagés de manière dilatoire dans le dessein de déférer l'exécution de la sentence arbitrale contrairement au principe essentiel de l'efficacité de l'arbitrage.

---

[245] «Requête civile : voie de recours extraordinaire, naguère ouverte dans 11 cas, remplacé par le recours en révision», *Lexique des termes juridiques* sous la direction de S. Guinchard et T. Debard, *op. cit.* p.818.

[246] «Art. 450.2 - La requête civile peut être présentée contre la sentence arbitrale dans les délais, formes et cas prévus aux articles 422 et suivants. Ce recours est porté devant la Cour d'appel qui eût été compétente pour connaître des autres recours contre la sentence».

Section 2. Les lacunes portant sur l'instance arbitrale

59. Ces lacunes peuvent survenir au niveau de la durée de l'instance arbitrale (Paragraphe 1). La défaillance des parties pourrait également apparaitre quand elles soumettent le litige à l'arbitrage et décident en cours d'instance d'y renoncer (Paragraphe 2).

Paragraphe 1) La durée de l'instance arbitrale

60. L'arbitrage est conçu comme une mode de résolution rapide des litiges des parties si bien que l'obligation de célérité[247] s'avère être une des obligations principales de l'arbitre. L'étude de la possibilité d'une modification judiciaire de ce paramètre temporel convenu par les parties est ainsi essentielle que ce soit de par son prolongement (a) ou par sa

---

[247] «Article 3 – Obligation de célérité : L'arbitre doit agir de manière prompte et rapide afin de rendre la sentence dans un délai raisonnable. L'arbitre engage sa responsabilité si la sentence est rendue hors délai» (Code de déontologie des arbitres du CAMM).

suspension voire par l'arrêt de l'instance arbitrale (b).

a) La prorogation du délai

61. L'exercice de la mission arbitrale n'est en soi pas indéfinie et l'un des intérêts des parties de choisir la juridiction arbitrale pour statuer sur leur litige est que celle-ci doit agir avec une certaine célérité afin d'éviter le carcan administratif de la résolution des litiges par voie judiciaire. C'est en ce sens qu'il a été nécessaire de limiter l'instance arbitrale au point de vue temporel. En droit malgache, l'article 448 du CPCM prévoit dans le Titre 2 relatif à l'arbitrage que «si la convention d'arbitrage ne fixe pas un délai, la mission des arbitres ne dure que 6 mois à compter du jour où le dernier d'entre eux l'a acceptée. Le délai légal ou conventionnel peut être prorogé soit d'accord-parties, soit à la demande de l'une d'elles, par le tribunal arbitral statuant à l'unanimité et pour une durée maximum de 6 mois». Outre le fait que cette disposition n'est pas applicable en l'état à l'arbitrage international – aucun renvoi de cet article n'ayant été prévu au titre relatif à l'arbitrage international dans le CPCM- cette disposition

n'admet guère une intervention du juge étatique en cas de prorogation du délai de droit de 6 mois ou de prévision d'un autre délai conventionnel, ce pouvoir étant détenu par le tribunal arbitral lui-même. Et pour quadriller une fois pour toute l'intervention judiciaire en matière d'arbitrage commercial international, le législateur malgache a prévu dans l'article 452.4 que «pour toutes les questions objet d'une convention d'arbitrage international, les juridictions de droit commun ne peuvent intervenir que dans les cas prévus au présent titre [titre relatif à l'arbitrage international], les juridictions de droit commun ne peuvent intervenir que dans les cas prévus au présent titre». Autant dire que les parties possèdent une très grande latitude pour prévoir la durée de l'instance arbitrale dans la convention d'arbitrage. En ce qui concerne l'arbitrage institutionnel, les réglements des centres d'arbitrage peuvent également prévoir la durée de la procédure arbitrale et les modalités de la prorogation de ce délai. C'est en ce sens que le RA du CAMM énonce dans son article 25.1 que «le tribunal arbitral [devra] rendre sa sentence dans un délai maximum de 6 mois, à compter de la signature par toutes les parties de l'acte de mission (…)». En France, le décret de 2011 réglemente la détermination conventionnelle de la durée de l'instance arbitrale en l'article 1463 du CPCF en énonçant une période de 6 mois au tribunal arbitral pour statuer sur le litige lui étant soumis. La question de la date de départ de cette période a longtemps suscité un long débat. En effet, selon l'article 1456 du CPCF, le tribunal arbitral est constitué lorsque tous les arbitres ont accepté leur mission et cet article ajoute que les arbitres sont saisis du litige à partir de ce moment. Or, l'article 1461 du CPCF prévoit également que l'article 1456 al.1er est censé être supplétif. De ce fait, l'on pourrait admettre que le tribunal soit saisi du litige à compter de sa constitution donc de la date où l'ensemble des arbitres composant le tribunal arbitral aient accepté chacun leur mission. En arbitrage institutionnel, une autre approche est souvent utilisée en disposant que la remise du dossier soit la date de départ de la saisine du tribunal arbitral, elle-même sous condition de la consignation de la provision pour frais d'arbitrage[248]. Pour le droit malgache de l'arbitrage international, l'article 458.2 du CPCM prévoit que «sauf convention contraire des parties, la procédure arbitrale concernant un litige déterminé débute à la date à laquelle la demande de soumission de ce litige à l'arbitrage est reçue par le défendeur».

b) L'arrêt et la suspension de l'instance arbitrale

62. La saisine du tribunal arbitral validement constituée signifie que les arbitres devront statuer dans le délai convenu par les parties ou en cas de recours à un arbitrage institutionnel selon les termes du règlement d'arbitrage du centre concerné. Néanmoins, il peut arriver qu'en cours d'instance arbitrale, le fil de la procédure soit entrecoupé pour être repris ultérieurement ou ne plus l'être définitivement. La question qui se pose est

---

[248] Article 5.8 du RA du CAMM : «(…) le tribunal arbitral est fondé à suspendre sa mission tant que la provision n'a pas été intégralement constituée. Dans ce cas, le délai de l'arbitrage est calculé compte non tenu de la durée de la suspension».

ainsi si le juge étatique peut intervenir de quelque manière que ce soit dans ces incidents de l'instance arbitrale tout en considérant que le principe d'efficacité de l'arbitrage voudrait qu'il ne soit interrompu pour de viles raisons afin d'éviter toutes manœuvres dilatoires des parties. En ce qui concerne le droit malgache de l'arbitrage commercial international, le CPCM prévoit un recours pour exception d'incompétence du tribunal arbitral qui doit être soulevée au plus tard lors du dépôt des conclusions en défense sur le fond. Le tribunal arbitral saisi par l'une des parties en ce sens pourra ainsi y statuer par sentence préalable et les parties pourront dans un délai de 30 jours de la date de notification de cette décision requérir la CA d'Antananarivo de rendre une décision sur ce point selon les dispositions du recours en annulation de l'article 462 du CPCM. La Cour devra statuer dans un délai ne dépassant pas 3 mois à compter de la date de dépôt de cette demande devant elle. Toutefois, le CPCM semble être contradictoire par rapport à la lecture conjointe de deux de ses articles soit l'article 454.1 al.3 et l'article 455.3 al.2, tous les deux relatifs à la matière de l'exception d'incompétence. En effet, le premier article –relatif à la constitution du tribunal arbitral- dispose que «la reprise de la procédure sera subordonnée au résultat de l'arrêt de la CA» sous tendant ainsi que l'instance arbitrale soit suspendue à la décision des juges du fond, approche critiquée par certains auteurs[249]. L'article 455.3 al.2 du CPCM, lui, relatif à la compétence du tribunal arbitral, prévoit que «dans l'attente de cette décision, la procédure arbitrale se poursuit», d'où découle le fait que l'intervention du juge étatique n'est pas suspensive de la procédure arbitrale en cours. Une incohérence de la loi malgache sur l'arbitrage dont les praticiens de la matière

---

[249] «En effet, la procédure arbitrale est suspendue jusqu'à ce que la CA rende sa décision sur la demande d'annulation de la sentence préalable. Le délai d'arbitrage sera donc allongé d'autant. Le législateur malgache créé ainsi une possible voie de recours dilatoire», Ranjeva (F), *Les nouvelles règles de l'arbitrage à Madagascar*, préc. p.15.

arbitrale auraient pu se passer. Dans les autres matières de l'instance arbitrale où la saisine de la juridiction étatique est permise, le CPCM est généralement assez explicite en disposant que la procédure arbitrale en cours n'est pas suspendue. C'est le cas par exemple en matière de procédure de récusation de l'arbitre (article 454.3 du CPCM)[250].

63. En ce qui concerne l'arrêt de la procédure en cours d'instance arbitrale, le droit malgache ne prévoit guère spécifiquement de possibilité d'intervention du juge étatique pour arrêter la procédure arbitrale en cours avant le prononcé de la sentence arbitrale. Ce serait en effet une véritable atteinte au

---

[250] L'approche mauricienne en cas de procédure de récusation, de révocation ou de remplacement d'un arbitre est de suspendre l'instance arbitrale jusqu'à la prise de fonction du remplaçant, la procédure reprenant au stade où elle s'est arrêtée avant lesdites procédures, bien évidemment sauf disposition contraire des parties (article 17 du *Mauritius Arbitration Act of 2008*). Cette approche est également celle du CAMM notamment au vue de l'article 10 de son RA.

principe d'autonomie des volontés des parties et de l'efficacité de l'arbitrage si cela s'avérait être le cas.

Paragraphe 2)   La renonciation des parties à l'arbitrage en cours d'instance

64. Le CPCM prévoit dans son article 461.2 une possibilité pour les parties et elles seules de mettre fin à la procédure arbitrale par le règlement de leur litige sans attendre la sentence définitive tout en admettant la possibilité pour les parties de faire constater ce règlement par «une sentence d'accord-parties» ayant la même force juridique qu'une sentence arbitrale prononcée par le tribunal arbitral. L'article 28.1 du RA du CAMM organise également cette procédure en indiquant que «si, avant que la sentence ne soit rendue, les parties conviennent d'une transaction qui règle tout ou partie de leur litige, le Tribunal arbitral rend une décision de dessaisissement et de clôture de la procédure par rapport au point ayant fait l'objet de la transaction». Toutefois, cette renonciation n'exonère pas les parties de leur obligation de paiement de l'intégralité des frais d'arbitrage et à ce titre, la provision reste due, la décision

sur les modalités de paiement du tribunal arbitral restant à la discrétion du CAMM. Des critiques sont néanmoins soulevées par certains praticiens de l'arbitrage quant à la renonciation en cours de procédure arbitrale. En effet, cette faculté ouverte aux parties permettrait sous couvert de transaction entre les parties d'éluder un paiement illicite afin de blanchir de l'argent «sale». Le Pr. Olivier Cachard parle d'un exemple en ce sens en ce que les parties vont simuler un litige au cours de l'ensemble de la procédure arbitrale où ils parviennent soudainement à un accord qu'ils vont demander la transformation en sentence d'accord-parties devant le tribunal arbitral et cautionnée par celui-ci. Ainsi, la partie victorieuse recevrait une somme d'argent importante que sont les dommages-intérêts et qui s'avèrerait au fait comme étant un paiement illicite[251] dans le cadre d'un réseau de blanchiment d'argent. Autant dire que la question du devoir de dénonciation de l'arbitre notamment en matière criminelle et

---

[251] Cachard (O), *Arbitrage et soupçons de blanchiment de revenus issus d'activités illicites*, Mélanges Jacquet, p.2.

de délits financiers – que nous étudierons *infra*[252]- s'avère être essentielle.

---

[252] V° *infra* pp. 91 et ss.

PARTIE II. LE RECOURS IMPERATIF AU JUGE ETATIQUE PAR LE DEFAUT D'IMPERIUM DE L'ARBITRE

65. Les parties et l'arbitre ne peuvent à eux seuls régler le processus arbitral. Il est besoin de recourir au juge dans certains cas (Chapitre 1) dont la compétence relèverait normalement de l'autorité judiciaire. L'instance arbitrale close par le prononcé de la sentence, il n'en reste pas moins que le juge est toujours impliqué pour assurer l'efficacité et l'exécution de la décision (Chapitre 2).

Chapitre 1. L'intervention du juge en cours de procédure arbitrale sur certaines matières

66. Au cours de la procédure arbitrale, le recours au juge étatique est nécessaire en matière d'urgence et de provisoire (Section 1) et aussi parce qu'il est le détenteur légal du pouvoir coercitif (Section 2).

Section 1. L'intervention du juge en matière d'urgence et de provisoire

67. Le rôle du juge étatique peut, en cours d'instance arbitrale, être suffisamment nécessaire pour que l'arbitrage puisse être réellement efficace. C'est le cas en matière d'urgence et de provisoire que ce soit plus généralement pour les mesures conservatoires et provisoires dont la concurrence avec le tribunal arbitral est à signaler (Paragraphe 1) que pour certaines mesures particulières comme en matière de saisies conservatoires et de sûretés judiciaires dont la compétence relève exclusivement des juridictions étatiques (Paragraphe 2).

Paragraphe 1) Les mesures conservatoires et provisoires en cours d'instance arbitrale

68. Nous avons vu que l'intervention du juge étatique en matière d'arbitrage international s'avère être restreinte. Les parties l'ont en effet dessaisi de son pouvoir juridictionnel naturel de par leur volonté expresse affirmée dans la convention d'arbitrage. Pourtant, même si le juge n'a plus la «police de

l'audience[253]» en matière d'instance arbitrale – cette carence du rôle du juge étant imposée par le législateur et les juges eux-mêmes par la jurisprudence très fournie en matière d'arbitrage commercial international[254] – il est également, contradictoirement, très sollicité dans cette matière. En effet, dépourvu de *jurisdictio*, le juge étatique n'en est pas néanmoins détenteur légal de l'*imperium* qui n'est transféré qu'en de rares occasions[255], et la matière arbitrale n'y est malheureusement pas exemptée. Chassé par la porte, le juge étatique revient par la fenêtre[256]. Il intervient ainsi au seuil du

---

[253] V° le CPCM dans son article 161 «Le président [du tribunal] a la police de l'audience».

[254] V° en ce sens : E. Gaillard, *La jurisprudence de la Cour de cassation en matière d'arbitrage international*, préc.

[255] C'est le cas par exemple du notaire qui appose la formule exécutoire sur les actes qui lui ont été soumis.

[256] Rachdi (N), *Les mesures provisoires et conservatoires en matière d'arbitrage*, in *Le juge et*

procès - outre les fonctions d'appui ayant été déjà discutées auparavant notamment lors du recours en exception d'incompétence du tribunal arbitral (article 455 al.3 du CPCM), lors de la composition du tribunal arbitral en cas de désaccord des parties sur la récusation ou la révocation d'un arbitre (article 454.3 al.3 et 454.4 al.1er du CPCM) sur le fondement de ce «pouvoir de donner des ordres, de disposer de la force publique, d'ordonner des saisies et des astreintes» qu'est l'*imperium* – mais aussi en cours d'instance arbitrale par le recours des parties en matière de «mesure conservatoire et provisoire» (article 453.4 al.1er du CPCM), d'être sollicité par le tribunal arbitral en matière d'obtention de preuves (article 460.4 du CPCM) ou bien lors du contrôle de l'annulation (article 462 du CPCM) ou lors de la reconnaissance et l'exécution de la sentence arbitrale (articles 463464.2 du CPCM).

---

l'arbitrage, Bostanji (S), Horchani (F) et Manciaux (S) (dir.), éd. Pedone, 2014, p.69.

69. En ce qui concerne les mesures conservatoires et provisoires, l'article 453.4 al.1er du CPCM dispose que «la demande par une partie au juge des référés, avant ou pendant la procédure arbitrale, d'une mesure conservatoire provisoire, n'est pas incompatible avec une convention d'arbitrage». L'article 456 du CPCM ajoute également que sauf dispositions contraires des parties, «le tribunal arbitral peut, à la demande d'une partie ordonner à toute ou partie de prendre toute mesure provisoire ou conservatoire qu'il juge nécessaire en ce qui concerne le litige. Le tribunal arbitral peut, à ce titre, exiger de toute partie le versement d'une provision appropriée». Plus généralement, l'article 189.1 du CPCM énonce en ce sens que «les décisions qui prescrivent des mesures provisoires pour le cours de l'instance» ainsi que «les décisions qui ordonnent des mesures conservatoires» sont parmi les décisions exécutoires de plein droit et ceci même si des voies de recours ayant un

effet suspensif[257] sur la décision des juges auraient été initiées. Force est néanmoins de constater que le CPCM ne définit pas de manière expresse la notion de mesure conservatoire ou de mesure provisoire. Selon les auteurs, la mesure «provisoire ou provisionnelle [serait] une décision qui ne lie pas l'arbitre ou le juge appelé à statuer au fond» tandis que «la décision conservatoire [serait] une situation qui a pour objet de préserver une situation, des droits ou des preuves[258]». En d'autres termes, la mesure conservatoire va assurer l'indisponibilité d'un bien pour préserver droits des parties ou pour préparer l'exécution de la sentence lorsqu'il sera

---

[257] Seules les voies de recours ordinaires sont susceptibles de permettre un effet suspensif au jugement. Il en est du recours en opposition et de l'appel qui, faut-il le rappeler, ne sont pas admis de manière expresse en matière d'arbitrage interne (450 CPCM) et d'arbitrage international (462 al.1er CPCM).
[258] Fouchard (P), Gaillard (E) et Goldman (B), *Traité de l'arbitrage commercial international*, Paris, Litec, 1996, n°1303.

statué sur le fond[259]. La jurisprudence malgache cite dans l'arrêt de la haute juridiction *Ventaclub*[260] – en prenant appui sur la jurisprudence française - des exemples de «mesures conservatoires ou de remise en état pour prévenir un dommage imminent» tel que celles «portant suspension des ordres ou autorisations, des interdictions, des nominations d'administrateur provisoire, des prorogations (…)». La mesure provisoire, elle, ne lie pas le tribunal arbitral appelé à connaitre du fond du litige – tel serait le cas par exemple du «référé-provision» prévu par l'article 223.1 du CPCM[261].

---

[259] V° en ce sens Meyer (P), *Droit de l'arbitrage OHADA*, préc. p.182.

[260] Cour de cassation de la Cour Suprême de Madagascar, toutes chambres réunies (civile, commerciale et sociale), 11 octobre 2011, *Société Ventaclub c. Société Emeraude Consultadoria E. Servicos LDA (non publié).*

[261] «**Art. 223.1** - Dans les cas où l'existence de la créance n'est pas sérieusement contestable, le juge des

70. Par les articles 453.4 al.1er que 456 du CPCM, le droit malgache admet ainsi des modes d'intervention possiblement «concurrents[262]» permettant aussi bien au juge étatique des référés qu'au tribunal arbitral saisi par l'une des parties de prononcer des mesures conservatoires. En premier lieu, les dispositions du CPCM sur l'arbitrage commercial international permettent une saisine des parties du juge des référés afin que celui-ci statue sur une mesure conservatoire ou provisoire avant la constitution du tribunal arbitral ou même pendant l'instance arbitrale. Le référé est une procédure exceptionnelle prévue en droit malgache par les articles 223 à 231 du CPCM soumise au président du tribunal de première instance territorialement compétent – selon l'article 454.3 du CPCM, le PPCA d'Antananarivo en matière de requête en

référés peut, à titre provisionnel, accorder toute ou partie de la somme au créancier».

[262] Mis en relief par certains auteurs, dont Fouchard (P), Gaillard (E) et Goldman (B), *Traité de l'arbitrage commercial international*, préc. n°1306 et ss.

référé sur une matière de l'arbitrage commercial international - saisi par voie de requête ou d'assignation par huissier. Il s'agit d'une procédure d'urgence par laquelle le juge statue de manière provisoire et ne devant préjudicier sur le fond du litige[263], l'ordonnance de référé n'a pas au *principal l'autorité de la chose jugée*– il peut ainsi prononcer la capitalisation des intérêts échus[264]. Le président du tribunal statue ainsi par ordonnance qui bénéficie de l'exécution provisoire en ce qu'elle peut être exécutée dès sa signification ou sa notification nonobstant le caractère suspensif du délai des voies de recours. En droit malgache, une affaire dénommée *Ventaclub* permit aux praticiens de déterminer le rôle concurrent entre l'intervention du juge

---

[263] De là découle son caractère provisoire, et selon une jurisprudence constante, le juge des référés pourrait limiter dans le temps la mesure provisoire qu'il ordonne, passant ainsi du provisoire au temporaire : Cass. Civ. 1ᵉ 12 février 1992, Bull. civ. II, n°49.

[264] Cass. Civ. 3e, 17 juin 1998, Procédures aout-septembre 1998, n°192.

étatique et celle de l'arbitre dans le cadre de l'arbitrage commercial international. Dans cette affaire, une société de droit malgache SMTH a conclu avec la société de droit italien, Ventaclub en 2001 un contrat de location du complexe touristique et hôtelier, *Andilana Beach*, sur l'ile de Nosy Be. Il était prévu dans le contrat que Ventaclub allait agir dans leurs relations contractuelles pour son compte et celui de la société de droit local à incorporer, la société Ventaclub Andilana SARL. Un contrat de cession a été conclu en 2005 entre SMTH et une société de droit portugais, Emeraude Consultadoria par lequel cette dernière devient le nouveau bailleur dans le contrat initial de 2001 avec assentiment du locataire. Le contrat de location contenait entre autres une clause résolutoire de plein droit qui stipulait une possibilité de résolution unilatérale du contrat par le bailleur si le locataire n'apporte pas un acte de caution émanant d'une banque européenne de premier ordre pour garantir à première demande le paiement de loyers sous la condition d'un commandement de payer valide précédé d'une période de préavis de 3 mois resté sans effet. Une clause d'arbitrage CCI était également insérée dans le contrat en ce sens que les litiges portant sur son interprétation ou à son exécution seront soumis à cette entité. En 2006, la société portugaise, lasse de ne pas voir eu vent de l'acte de caution décide alors d'initier une action en commandement de payer, faisant suite à quoi, elle requit de la juridiction de référé en la personne du PPCA d'Antananarivo – compétent en matière de requête en référé portant sur une matière de l'arbitrage commercial international – tout en saisissant la CCI, la confirmation de la résiliation de plein droit du contrat de bail commercial ainsi que l'expulsion de la locataire «devenu sans droit ni titre» avec paiement de demande d'indemnité d'occupation. Le Président de la CA d'Antananarivo par une ordonnance n°139 du 20 décembre 2006 fit droit à la demande de la société Emeraude Consultadoria sauf pour l'indemnité d'occupation[265] en admettant que les «mesures conservatoires provisoires étant de la compétence de la juridiction de référé du PPCA d'Antananarivo, la saisine par les parties de la CCI de Paris [est] toujours réservée», reconnaissant ainsi tacitement la compétence concurrente du juge étatique et du tribunal arbitral sur la question des mesures conservatoires et provisoires. Cinq plus tard, sur le pourvoi en cassation[266] des sociétés Ventaclub contre l'ordonnance n°139, la haute juridiction judiciaire malgache s'est prononcée en cassant ladite décision sur la

---

[265] «Quant à la demande d'indemnité d'occupation formulée par la société Emeraude, attendu que celle-ci est irrecevable, qu'en effet la demande ne peut pas s'analyser comme une provision (…) [elle] est plutôt consécutive à l'expulsion ordonnée du locataire des lieux loués [relevant] (…) du domaine du fond».

[266] Cour de cassation de la Cour Suprême de Madagascar, toutes chambres réunies (civile, commerciale et sociale), 11 octobre 2011, *Société Ventaclub c. Société Emeraude Consultadoria E. Servicos LDA (non publié)*.

base que la question toucherait le fond du litige et ainsi relèverait du tribunal arbitral et d'ailleurs que l'intervention du juge de référé dans la procédure arbitrale ne serait pas justifiée, «le dommage imminent[267] et l'urgence» n'ayant pas été caractérisé. Ainsi, l'une des conditions d'intervention - établies par la pratique- du juge étatique des référés en matière conservatoire et provisoire se trouverait ainsi dans celle de

---

[267] «Que les mesures conservatoires ou de remise en état pour prévenir un dommage imminent s'analysent, selon la jurisprudence française, en des mesures de suspension des ordres ou autorisations, des interdictions, des nominations d'administrateur provisoire, des prorogations etc. (…) ; que le trouble manifestement illicite suppose une atteinte grave à un droit, voire des voies de fait ou une méconnaissance des dispositions légales et réglementaires et la compétence exceptionnelle reconnue au juge des référés en présence d'une convention d'arbitrage est soumise en urgence laquelle doit alors être caractérisé» : Cour de cassation de la Cour Suprême de Madagascar, toutes chambres réunies (civile, commerciale et sociale), 11 octobre 2011, *Société Ventaclub c. Société Emeraude Consultadoria E. Servicos LDA (non publié).*

l'urgence. Elle se justifierait plus particulièrement lorsque le tribunal arbitral serait déjà constitué et saisi du fond du litige. Cette intervention du juge étatique devra également se faire sans un examen minutieux au fond du litige, réservé au tribunal arbitral. Mais la compétence du juge étatique est concurrencée par celle de l'arbitre dont le pouvoir en matière d'édiction de mesures provisoires et conservatoires est en nette progression. Déjà en matière d'arbitrage interne, l'ajout d'un dernier alinéa à l'article 440.7 du CPCM par la loi n°2016-039 modifiant et complétant certaines dispositions du CPCM[268] est venu l'étendre en disposant que «le tribunal arbitral [puisse] ordonner aux parties, dans les conditions que [le tribunal arbitral] détermine et au besoin à peine d'astreinte, toute mesure conservatoire ou provisoire qu'il juge opportune». La Loi-type du CNUDCI par les amendements en 2006 –

---

[268] Loi n°2016-039 du 25 Janvier 2017 JORM n° 3738 du 27 Février.

non encore repris[269] par le droit positif malgache- a modifié cette intervention. Les modifications majeures apportées par ces amendements concernent la place accordée aux ordonnances préliminaires, qui applicables sauf accord contraire des partis, permettent au tribunal arbitral d'enjoindre une partie de ne pas compromettre la mesure provisoire demandée- d'une durée maximum de 20 jours et bien que s'imposant aux parties, elle n'est pas susceptible d'exécution par une juridiction étatique et ne constitue pas une sentence. Le prononcé d'une ordonnance préliminaire par le tribunal

---

[269] «La Loi-type étant un instrument de droit souple, elle peut être reprise intégralement par les Etats, au pire n'être que partiellement reprise voire réécrite lui faisant perdre dans le dernier cas toute l'essence pour laquelle elle a été adoptée et proposée par la CNUDCI», Vieillard (G), *La contribution de la CNUDCI à l'harmonisation et l'uniformisation du droit commercial international*, Université de Bourgogne UFR Droit et Science Politique, Thèse pour l'obtention du garde de Docteur en droit, Loquin (E) (dir.), 2014, p.419.

arbitral est néanmoins soumis à la condition qu'il considère que la communication préalable de la demande de mesure provisoire à la partie contre laquelle elle est dirigée risque de compromettre cette mesure. Outre cela, la Loi-type de 2006 précise le pouvoir du tribunal arbitral d'ordonner des mesures provisoires en le définissant[270] et en déterminant les conditions d'octroi des mesures provisoires dans son article 17. A

---

[270] «Une mesure provisoire est toute mesure temporaire, qu'elle prenne la forme d'une sentence ou une autre forme, par laquelle, à tout moment avant le prononcé de la sentence qui tranchera définitivement le différend, le tribunal arbitral ordonne à une partie : a) de préserver ou de rétablir le statu quo en attendant que le différend ait été tranché ; b) de prendre des mesures de nature à empêcher, ou de s'abstenir de prendre des mesures susceptibles de causer un préjudice immédiat ou imminent ou une atteinte au processus arbitral lui-même ; c) de fournir un moyen de sauvegarder des biens qui pourront servir à l'exécution d'une sentence ultérieure ; ou d) de sauvegarder les éléments de preuve qui peuvent être pertinents et importants pour le règlement du différend» (Article 17 de la Loi-Type).

notamment en ce que le préjudice pourrait être irréparable par le paiement de dommages-intérêts et qui sera probablement causé si «la mesure n'est pas ordonnée» et que la demande a de fortes «chances (...) d'obtenir gain de cause sur le fond du différend». La révision de la Loi type a permis également d'instaurer un régime de reconnaissance et d'exécution des mesures provisoires inspiré du régime de reconnaissance et d'exécution des sentences arbitrales[271]. En droit français, la réforme intervenue par le décret de 2011 a confirmé la jurisprudence qui a reconnu au tribunal arbitral le pouvoir de prendre des mesures conservatoires ou provisoires car constituerait un prolongement nécessaire à la fonction juridictionnelle des arbitres et ne s'analysait pas comme un dépassement de leur mission. Néanmoins, si le tribunal arbitral n'est pas encore constitué, il est

---

[271] Note explicative du secrétariat de la CNUDCI relative à la Loi type de la CNUDCI sur l'arbitrage commercial international de 1985 telle qu'amendée en 2006, p.25.

possible pour le juge étatique d'ordonner des mesures conservatoires ou provisoires sous la démonstration de l'urgence[272]. Dans le même ordre d'idées, le décret français de 2011 dans son article 1449 al.2 du CPCF soumet les litiges concernant les saisies conservatoires et les sûretés judiciaires à la seule compétence du juge étatique sous la considération de l'*imperium* qu'il retient dans le cadre de la procédure arbitrale – portés devant le président du TGI ou de commerce statuant en référé.

Paragraphe 2)   Les saisies et les sûretés judiciaires en cours d'instance arbitrale

71. L'article 1449 al.2 du CPCF dispose que «sous réserve des dispositions régissant les saisies conservatoires[273] et

---

[272] Cass. Civ. 1 ère, 6 décembre 2005, *Sté Léon Grosse c/ Sté Schwind*, JCP E 2005. 1284, obs. G. Chabot; Cass. Civ. 2e, 2 avril 1997, Rev. Arb. 1998, 673, note L. Degos.

[273] «Saisie conservatoire: est une procédure dont l'objectif est de placer sous-main de justice des biens

les sûretés judiciaires[274], la demande est portée devant le président du tribunal de grande instance ou de commerce, qui statue sur les mesures d'instruction dans les conditions prévues à l'article 145 et, en cas d'urgence, sur les mesures provisoires ou conservatoires sollicitées par les parties à la convention d'arbitrage». Ces mesures font état du monopole du juge étatique sur les matières faisant état de son *imperium* – soit du pouvoir de contraindre ne pouvant être dissocié de l'Etat, relevant de sa souveraineté et trouvant sa limite dans le

---

du débiteur, afin que celui-ci n'en dispose pas ou ne les fasse pas disparaitre» (*Lexique des termes juridiques* sous la direction de S. Guinchard et T. Debard Dalloz 21ᵉ édition, 2014, p. 845).

[274] «Sûretés judiciaires : mesures conservatoires pouvant porter, avec l'autorisation du juge ou sur présentation du titre en vertu duquel la loi permet que soit pratiquée une mesure conservatoire sur un immeuble, un fonds de commerce, des actions, des parts sociales ou des valeurs mobilières» (*Lexique des termes juridiques* sous la direction de S. Guinchard et T. Debard Dalloz 21ᵉ édition, 2014, p. 898).

principe de territorialité[275]. Elles concernent notamment –cette énumération n'étant pas limitative- les saisies conservatoires, l'hypothèque provisoire ou le nantissement sur fonds de commerce requérant l'intervention du juge étatique pour être exécutée. En droit malgache, pourtant, contrairement à l'arbitrage interne dont l'article 440-7 du CPCM prévoit spécifiquement la compétence exclusive des juridictions étatiques pour «les saisies-conservatoires et les saisies-arrêts» ; en arbitrage commercial international, aucune disposition de la loi sur l'arbitrage ne va dans le même sens. Dans les textes de nature particulière, néanmoins, l'on peut déceler le pouvoir souverain du juge étatique dans l'autorisation de la mesure en cours de l'instance arbitrale. C'est en ce sens que l'article 32 de l'Ordonnance n°60-146 du 3 octobre 1960 relative au

---

[275] Jarrosson (C), *Réflexions sur l'imperium*, in *Etudes offertes à Pierre Bellet*, éd. Litec, 1991, p.246.

régime foncier de l'immatriculation[276] prévoit la possibilité d'une autorisation d'inscription forcée provisoire d'hypothèque judiciaire pour tout créancier sur les immeubles de son débiteur si la créance est fondée en son principe. Cette autorisation est constatée par une ordonnance rendue sur requête du président du tribunal de première instance dans le ressort duquel sont situés les immeubles à saisir en cas d'arbitrage. Selon l'article 32.7 de la même ordonnance, une inscription définitive devra être prise dans les 6 mois à dater du jour de la décision statuant au fond soit en matière d'arbitrage commercial international suivant un délai d'expiration de la demande d'annulation de trois mois à compter de la notification de la sentence par les parties ; ou en cas de sentences arbitrales étrangères, après décision de reconnaissance et d'exécution de la CA d'Antananarivo.

---

[276] JORM n°129 du 22 Octobre 1960, p.2205 et modifiée dernièrement par la loi n°99-024 du 19 aout 1999 (JORM n°2595 du 30 aout 1999, p.2001-2005).

72. Les juges du fond français ont eu l'occasion récemment de préciser la compétence judiciaire en matière de sûretés judiciaires et de saisies. Cette décision[277] est intéressante en ce sens que l'affaire concernait l'Etat Malgache qui a été attrait devant la Chambre de commerce internationale de Paris sur la base de l'accord du 29 septembre 2005 entre l'Union économique belgo-luxembourgeoise et la République de Madagascar et puis postérieurement devant les juridictions françaises par rapport à l'autorisation de saisies conservatoires et de sûretés judiciaires sur des biens mobiliers et immobiliers appartenant à l'Etat Malgache en France. En effet, suivant les évènements politiques de 2009, les usines de la société de droit malgache Polo Garments Madagascar (PGM) ont été pillées et saccagées. La société s'est alors adressée à son assureur,

---

[277] CA de Paris, 8 Janvier 2015, *Mr Peter de Sutter, SARL PGM et a. c/ République de Madagascar*, RG n°13/10871.

la compagnie d'assurance Ny Havana qui a refusé de garantir le sinistre en arguant qu'il découlait d'évènements politiques non couverts par la police d'assurance. Les juges malgaches ont alors été saisi qui, aussi bien au niveau du tribunal de première instance de Mahajanga qu'au niveau de la cour d'appel de la même ville, condamnèrent la compagnie d'assurance dont l'Etat Malgache est l'un des gros actionnaires pour des dommages-intérêts de plus de 14.337.978.960 ariary soit plus de 5.855.586,25 euros. La compagnie forma un pourvoi qui au point de vue du droit processuel n'est pas suspensif[278] et c'est ainsi que le procureur général près la Cour suprême fit un pourvoi dans l'intérêt de la loi, qui, lui est suspensif d'exécution. S'estimant lésée par ce fait qui défère ultérieurement la réparation financière

---

[278] «Ni le délai de recours, ni l'acte de pourvoi ne sont suspensifs d'exécution sauf ce qui sera dit à l'article 33 [en matière d'état des personnes, quand il y a faux incident, en matière d'immatriculation foncière, en matière électorale, en matière pénale] » (article 45 de la loi n°2004-036 du 1er octobre 2004 relative à l'organisation, aux

auquelle elle aurait droit, la société PGM ainsi que ses actionnaires directes et indirectes – de nationalité belge et luxembourgeoise- ont alors saisi la CCI pour s'entendre statuer sur une demande d'arbitrage contre Madagascar du fait de l'accord d'investissement précité.

Parallèlement à la procédure d'arbitrage, une ordonnance du juge de l'exécution a été émise en 2013 portant sur des saisies conservatoires sur des comptes bancaires ainsi qu'une inscription d'hypothèque judiciaire provisoire sur deux immeubles appartenant tous à l'Etat Malgache dont le foyer estudiantin de Cachan pour sûreté et caution –valide selon la CA parisienne car «ces biens sont dépourvus de toute affectation diplomatique en servant d'accueil et d'hébergement payant des étudiants malgaches et possède ses propres ressources consistant dans les loyers et cautions, les locations des gites d'étapes, les frais d'hébergement temporaires, la location de la salle polyvalente, les recettes liées aux activités sportives et culturelles (…)»». Une sentence fut émise en 2014 par l'arbitre unique auprès de la CCI qui condamna l'Etat Malgache pour des dommages intérêts basés sur le montant initial admis auprès des juridictions malgaches de Mahajanga avec paiement d'intérêts en estimant que «le pourvoi dans l'intérêt de la loi (...) n'est pas conforme aux obligations de l'article 3(2) de l'Accord imposant à l'Etat d'exclure toute mesure injustifiée». La sentence arbitrale a été annulée en 2016 suivant un recours en annulation de la République de Madagascar pour méconnaissance du principe de la contradiction[304].

Section 2. Le juge, détenteur légal du pouvoir coercitif en matière d'arbitrage

73. Dans l'administration de la preuve et des mesures d'instruction (Paragraphe 1), ainsi que sa place particulière dans le devoir de dénonciation de l'arbitre (Paragraphe 2) justifient le recours au juge étatique lors de l'instance arbitrale eu égard à sa fonction en tant que détenteur légal du pouvoir coercitif.

Paragraphe1)   L'administration de la preuve et les mesures d'instruction

74. Bien qu'en matière commerciale, la preuve entre les contradicteurs soit libre devant les juridictions dont relève la connaissance du différend, il n'en reste pas moins que le juge étatique, «détenteur naturel» et légal du pouvoir de contrainte dans un Etat de droit reste en ce qui concerne l'arbitrage commercial international le seul pouvant effectivement administrer les preuves lors de l'instance arbitrale. Il est, en effet, difficile pour une institution d'arbitrage notamment internationale de contraindre contre leur gré une partie récalcitrante ou un tiers pour apporter des preuves essentielles au déroulement du procès arbitral. L'article 460.4 du CPCM dispose que le tribunal arbitral ou une des parties avec l'approbation du tribunal arbitral pourra demander au juge étatique une assistance pour l'obtention de preuves. La juridiction ainsi saisie peut satisfaire à la demande, dans les limites de sa compétence et conformément aux règles relatives à l'obtention de preuves.

L'assistance du juge est ainsi primordiale dans les cas où un certificat serait requis d'une administration publique, des données ou des informations devant être fournies par une banque ou une compagnie d'assurances, une coopération avec la force publique pour la reconstitution de faits ou de transport sur les lieux, un rapport technique d'un organisme professionnel, ou encore l'administration de preuve par témoins si les personnes appelées à déclarer ne défèrent pas à la convocation des arbitres[279]. Des questions peuvent surgir quant aux modalités pratiques de ces recours au juge. Tel serait le cas, par exemple, si le juge refuse d'administrer les preuves en question – à part le cas de l'irrégularité de la demande du fait que celle-ci n'émane pas du tribunal arbitral mais de l'un des arbitres sans passer par les autres arbitres dont le président. Le refus de production de preuve pourrait en effet être préjudiciable – du moins en attendant les voies de recours possibles - pour l'une des parties si tant est qu'elle se révèlerait «fondée» en principe. Certains auteurs[280]

---

[279] El Mehdi Najib (M), *L'intervention du juge dans la procédure arbitrale*, préc. p.59.

[280] Dont Fernández Rozas (J. C.) in *Le rôle des juridictions étatiques devant l'arbitrage commercial international*, préc. pp. 157-158.

pensent que l'attitude du juge en considérant illégale la preuve pourrait ouvrir une voie pour une demande en annulation de la sentence arbitrale inhérente à la procédure. Les parties se trouveraient ainsi sans défense et que la decision du juge mettrait en péril les principes essentiels de contradiction et d'égalité des armes car la partie qui invoque la preuve se verrait empêchée de la produire alors qu'elle pourrait être essentielle. Elle pourrait ainsi faire l'objet d'un recours en annulation à soumettre devant la CA d'Antananarivo en ce qui concerne le droit malgache de l'arbitrage commercial international.

75. L'une des matières où le pouvoir du juge est essentiel pour un bon déroulement du processus arbitral concerne les mesures d'instructions. Selon la définition juridique de certains auteurs[281], les mesures d'instruction sont des mesures ordonnées à la demande des parties ou d'office par le juge et tendant à établir la réalité et l'exactitude des faits sur lesquels

---

[281] *Lexique des termes juridiques* sous la direction de Guinchard (S) et Debard (T), *op. cit.* p.603.

porte une difficulté juridique ou un litige. L'article 268 du CPCM dispose également que la mesure d'instruction est exécutée sous le contrôle du juge qui l'a ordonnée, lorsqu'il n'y procède pas lui-même. Ces mesures d'instruction peuvent concerner par exemple la comparution personnelle des parties ou l'une d'elles (article 271 et suivants du CPCM) devant le tribunal arbitral pour être entendues ou l'ordre de mesures d'instruction par un technicien (article 280 et suivants du CPCM) – quoique les arbitres sont déjà d'emblée censés être des spécialistes du domaine objet de l'arbitrage. Au cours de ces instructions, il peut arriver que des infractions dont la dénonciation en cas de découverte s'impose à l'arbitre, et ainsi le juge étatique se révèlera être le correspondant légal du tribunal arbitral.

Paragraphe 2) Le devoir de dénonciation en cours d'instance arbitrale

76. Autant la règle de l'intégrité du tribunal arbitral[282] s'applique aux arbitres

---

[282] V° *supra,* 54, p.70.

eux-mêmes qui ne devront faire preuve d'écart par rapport à l'indépendance et l'impartialité dont ils sont tenus, celui du devoir de dénonciation s'applique aux pratiques délictueuses ont-ils seraient amenées à connaitre lors de l'instance arbitrale. L'arbitre doit-il collaborer pour faire en sorte que la vérité judicaire se manifeste ? En effet, la modernisation des moyens de correspondances et le développement des échanges internationaux et partant des flux financiers et humains y afférents ont fait apparaitre des mécanismes de crimes graves, transfrontaliers dont l'arbitrage commercial international ne pouvait faire. Particulièrement, en matière de blanchiment de capitaux, des structures juridiques et financières deviennent très sophistiquées avec des fiducies, des structures écrans : sociétés, banques ou holding afin de permettre la circulation de l'argent sale[283]. Cette situation – s'il

---

[283] Le Pr. Olivier Cachard parle d'un exemple en ce sens, les parties vont simuler un litige au cours de l'ensemble de la procédure arbitrale où ils parviennent

arrivait que les arbitres en fussent en connaissance – devrait selon le devoir de dénonciation en matière de procédure pénale être «signaler aux autorités policières, judiciaires ou administratives car constituant une infraction commise par autrui[284]». Ce devoir viendrait ainsi en contradiction d'une des spécificités – fut-elle remise en compte dans l'arbitrage commercial- qu'est la confidentialité de l'instance arbitrale et des sentences émises par le tribunal arbitral. Le Pr. Emmanuel Gaillard parle en ce sens d'un principe actuel de l'arbitrage et d'une obligation pour les arbitres qui ne pourrait être éteinte que par la volonté contraire expresse et

---

soudainement à un accord qu'ils vont demander la transformation en sentence d'accord-parties devant le tribunal arbitral et cautionnée par celui-ci. Ainsi, la partie victorieuse recevrait une somme d'argent importante que sont les dommages-intérêts, Cachard (O), *Arbitrage et soupçons de blanchiment de revenus issus d'activités illicites*, Mélanges Jacquet, p.2.

[284] *Lexique des termes juridiques* sous la direction de Guinchard (S) et Debard (T), *op. cit.* p.316.

conjointe des parties[285]. Outre la tendance favorable au principe de confidentialité, la pratique a également démontré que beaucoup de sociétés multinationales qui sont des «clients férus» de l'arbitrage choisissent ce mode de règlement exactement pour le respect des secrets des parties à l'arbitrage[312]. D'autres arguments plaident en faveur du secret de la procédure arbitrale notamment le fait

---

[285] Gaillard (E), *Le principe de confidentialité de l'arbitrage commercial international*, Recueil Dalloz, Sirey 1987, pp.154-155. [312] Le rapport établi par le cabinet PricewaterhouseCoopers, fait état que la confidentialité apparait comme l'un des avantages de l'arbitrage commercial international ayant fait persuadé les sociétés multinationales dans le choix de l'arbitrage comme règlement des litiges, dépassant d'autres motifs comme la flexibilité de la procédure, sa rapidité ou l'aisance dans l'exécution de la sentence, PwC, Queen Mary University of London, School of International Arbitration, *2013 International Arbitration Survey, Corporate choices in international arbitration, industry perspectives,* 2013, p.8, www.pwc.com/arbitrationstudy >consulté le 10/04/2017.
[313] JORM n°2939 du 8 novembre 2004, p.4203.

que la mission des arbitres soit sur une base contractuelle et qu'ainsi ils ne peuvent en excéder la portée sans l'assentiment des parties ; que le tribunal arbitral bien que siégeant dans un pays, n'est pas partie du système juridique de ce pays et généralement, les règles imposées au juge étatique ne leur sont pas forcément applicable.

77. Toutefois, pendant la procédure arbitrale il peut arriver que dans des secteurs spécifiques, l'arbitre soit contraint –pour être en conformité avec la loi- de faire preuve de délation lors de découverte d'opérations suspectes qu'il serait amené à connaitre concernant les parties à l'arbitrage. En droit malgache par exemple, en matière de blanchiment d'argent, l'article 19 de la loi n°2004-020 du 19 aout 2004 sur le blanchiment d'argent, le dépistage, la confiscation et la coopération internationale en matière de produits de crime[313] soumet les personnes physiques ou morales exerçant les professions prévues par cette loi dont celle de «conseils des opérations entrainant dépôts, échanges placements, conversions

ou tout autre mouvement de capitaux, de conseils en matière immobilière, de conseils des opérations entrainant mouvements de capitaux» à l'obligation de déclaration des opérations suspectes, sans délai, auprès de l'organisme en charge des renseignements financiers sous peine d'engager leur responsabilité pénale. Il est clair que le service de renseignements financiers malgache en charge de la lutte contre le blanchiment d'argent (SAMIFIN) inclut dans ces professions les établissements de crédits et financiers mais également les avocats, les conseillers fiscaux et les experts-comptables. Ces derniers pouvant être désignés en tant qu'arbitres au cours d'une procédure arbitrale, il n'est pas expressément prévu qu'ils soient contraints par l'obligation de déclaration de l'article 19 notamment parce que la fonction de l'arbitre n'est pas celui du conseil des parties – tâche incombant à leurs avocats et conseils durant l'instance arbitrale. D'autant plus que le travail arbitral est souvent confidentiel du début de l'instance jusqu'à la délibération du tribunal arbitral, et la plupart des règlements d'arbitrage souligne cette règle de confidentialité notamment les RA de la LCIA-MIAC (article 30.1), du CAMM (article 18.1) et de la CCI (article 6). C'est sans doute pour faire face à l'obligation de confidentialité que l'article 27 de la loi sur le blanchiment d'argent malgache dispose que le secret professionnel ne pourra être invoqué pour refuser de fournir les informations et documents requis dans le cadre de faits de blanchiment.

Chapitre 2. Le juge et l'efficacité de l'exécution de la sentence arbitrale

78. La délibération du tribunal arbitral et la sentence qui en découle achève la mission arbitrale et annonce l'efficacité de l'arbitrage. Pourtant, le juge étatique est toujours au portillon, prêt à surgir dès que l'une des conditions de l'annulation de la sentence arbitrale se trouverait établie même si une liberté est laissée au tribunal arbitral pour suspendre temporairement - en cas d'erreur qui n'aurait d'incidence sur le fond de la sentence- l'effet de celle-ci (Section 1). L'intervention du juge

étatique est également essentielle en matière de reconnaissance et d'exécution des sentences arbitrales rendues en matière d'arbitrage international ou de sentences arbitrales étrangères (Section 2).

Section 1. Le juge de l'annulation et en face de la suspension de la sentence arbitrale

79. Le juge étatique peut annuler la sentence arbitrale et ainsi jouer un rôle actif dans le contrôle de la sentence arbitrale lorsque les conditions de l'annulation s'imposent et sur saisine des parties à l'arbitrage (Paragraphe 2). Mais également il lui est permis que son rôle puisse être différé pendant la suspension de l'effet de la sentence arbitrale et ainsi n'être que passif dans le contrôle de l'exactitude de celle-ci (Paragraphe 1).

Paragraphe 1) La sentence arbitrale suspendue

80. La sentence arbitrale rendue par un arbitre unique ou le tribunal arbitral suivant le déroulement de l'instance arbitrale peut se décomposer en plusieurs sentences. Il en est

notamment par exemple de la sentence partielle portant sur la compétence et le droit applicable et puis une autre sentence finale statuant sur le fond du différend. Un autre cas concerne celui d'une première sentence statuant sur la responsabilité et une seconde décidant du montant de la réparation[286]. Dans tout cela, la sentence arbitrale dans son unicité ou sa pluralité revêt l'autorité de la chose jugée, dessaisit le tribunal arbitral et clos la procédure arbitrale. Pourtant, il peut arriver que l'arbitre ne soit pas définitivement dessaisit du litige même après le prononcé de la sentence, déférant de la même manière le contrôle du juge étatique en cas de recours en annulation sur la sentence arbitrale ou de la reconnaissance et de l'exécution de celle-ci. Il en est en cas de rectification ou d'interprétation de la sentence initiale ou encore en cas de sentence additionnelle. L'article 461.5 al.1er du CPCM prévoit ainsi que pour rectifier des erreurs d'écriture, de calcul ou toute autre erreur matérielle apparaissant dans la sentence initiale, le tribunal arbitral pourra se saisir d'office. Dans

---

[286] V° *supra*, p.70.

le même ordre d'idées, les parties peuvent d'elles-mêmes saisir directement le tribunal arbitral pour s'entendre corriger dans une «sentence rectificative» les erreurs matérielles incluses dans la sentence leur ayant été notifiée, en interpréter la teneur dans une «sentence interprétative» ou bien rendre une «sentence complémentaire» pour une demande d'une partie omise dans la sentence. Ce droit de recours des parties à l'arbitrage devra être introduit dans les 30 jours suivant la réception de la sentence sauf dispositions contraires des parties et être précédé d'une notification de la demande à l'autre partie au litige soumis à l'arbitrage. Le tribunal arbitral devra se prononcer dans les 30 jours de sa saisine pour les sentences rectificatives et interprétatives et dans les 60 jours pour les sentences complémentaires sauf possibilité de prorogation par les arbitres. Ces sentences rectifiant, interprétant ou s'ajoutant à la sentence initiale font partie intégrante de cette dernière.

Paragraphe 2)   La sentence arbitrale annulée

81. L'activisme judiciaire est ici le plus frappant. En effet, le juge étatique du lieu de siège de l'arbitrage international[287] est amené à sanctionner ou non la convention d'arbitrage ainsi que la procédure arbitrale dans son entièreté lors de cette phase. Autant dire que l'*imperium* judiciaire, le juge en tant que détenteur légal du pouvoir de contraindre se retrouve sur cette dernière ligne de contrôle où l'efficacité de l'arbitrage est soumise aux mains de la juridiction de l'annulation, soit selon l'article 462 du CPCM, la Cour d'appel d'Antananarivo. En général, les recours des parties sont d'ordre public en ce sens que les parties ne peuvent y renoncer préalablement – du moins dans le droit malgache- où le CPCM ne prévoit expressément cette possibilité, *a contrario* du décret français de 2011 qui dispose dans son article 1522 al.1er du CPCF que «par convention spéciale, les parties

---

[287] Seules les sentences rendues à Madagascar peuvent ainsi donner lieu au recours en annulation selon les dispositions du CPCM.

peuvent à tout moment renoncer expressément au recours en annulation». Cette renonciation doit ainsi être manifestée par une convention spéciale et apparaitre de manière expresse, l'ambiguïté n'étant pas admise. A vrai dire, le droit malgache prévoit dans l'article 462 al.3 du CPCM une possibilité de renonciation «tacite»[288] au recours en annulation lorsque les parties laissent d'elles-mêmes expirer le délai de recours en annulation de trois mois –contre un mois en France (article 1519 al.2 du CPCF) - partant de la date de réception de la notification de la sentence arbitrale[289].

---

[288] Une autre possibilité de renonciation au recours en annulation est également possible, selon l'article 462 al.6 du CPCM si les parties n'ayant aucun domicile ni résidence principale ni établissement sur Madagascar, peuvent exclure tout recours contre la decision du tribunal arbitral.

[289] Article 462 al.3 du CPCM : «La demande d'annulation ne peut être présentée après l'expiration d'un délai de 3 mois à compter de la date à laquelle la partie présentant cette demande a reçu notification de la sentence ou, si une demande a été faite en vertu de l'article 461.5, à compter de la date à laquelle le

Une largesse est également permise par la juridiction étatique amenée à connaitre du litige par laquelle le tribunal arbitral peut reprendre la procédure arbitrale alors que le recours en annulation a été déjà introduit par une partie. Le tribunal arbitral peut également dans ce cas prendre toute mesure susceptible d'éliminer les motifs d'annulation. Pendant cette période –dont la Cour d'appel déterminera la durée- la procédure d'annulation ne pourra se poursuivre. La Cour saisie du recours en annulation pourra soit rejeter les motifs d'annulation et ainsi conférée l'exequatur à la sentence incriminée (article 462 al.5 du CPCM). Soit le recours est accueilli et ainsi la sentence sera annulée, la Cour d'appel n'ayant pas la compétence de statuer sur le fond en matière d'arbitrage international – sauf dans le cas où les parties l'y autorise et aussi lorsque le tribunal arbitral s'est statué en amiable compositeur, la juridiction étatique pourra en faire de

---

tribunal arbitral a pris une decision sur cette demande».

même (article 462 al.5 du CPCM)- il devrait être procédé à un nouvel arbitrage sauf si le litige n'est en soi pas arbitrable ou que la convention d'arbitrage est manifestement nulle et inapplicable. De ces observations, il est essentiel de déterminer l'étendue du contrôle du juge de l'annulation de la sentence arbitrale.

82. L'intervention du juge de l'annulation au stade du contrôle de la sentence relève des aptitudes d'un équilibriste. En effet, il est amené à reprendre sa place initiale, temporairement déféré par la place accordée au tribunal arbitral pendant l'instance arbitrale, de gardien de l'ordre public tout en n'entravant pas l'efficacité et l'autonomie de l'arbitrage. C'est ainsi que les cas d'ouverture du recours en annulation pouvant être soumis au juge étatique sont restrictivement délimités par la loi et il ne pourra revoir la sentence arbitrale au fond sans risquer d'aller à l'encontre du principe même de l'arbitrage. L'annulation – même si en droit malgache de l'arbitrage international est soumis à la Cour d'appel d'Antananarivo – n'est pas un recours en

appel, le juge de l'annulation ne statuant pas en fait et en droit. En droit français, l'on a ainsi pu admettre que la Cour d'appel puisse «avoir le pouvoir de porter une appréciation sur le fond du litige dans la stricte limitation de l'article 1520 du CPCF [sur les cas d'ouverture du recours en annulation] afin d'établir l'existence de l'un des griefs visés par cet article[290]». C'est également sous cette optique que la jurisprudence française a admis que les parties ne puissent invoquer de griefs contre la sentence arbitrale que si ceux-ci auraient été soulevés, «chaque fois que cela était possible devant le tribunal arbitral lui-même[291]» dans le clair souci d'une loyauté procédurale et d'égalité des armes. C'est ainsi que cette jurisprudence a été affirmé par le décret français de 2011

---

[290] Racine (J-B.) et Siiriainen (F.), *Droit du commerce international, op. cit.* p. 498.

[291] CA de Paris, 18 septembre 2003, Rev. arb. 2004, 311.

dans son article 1466 CPCF[292] et ainsi a été reçue en matière d'arbitrage commercial international[293]. La solution est admise en matière d'arbitrage interne par le droit malgache dans l'article 450.3 du CPCM, ce qui n'est pas le cas en droit international. De cette manière, l'objet du contrôle du juge de l'annulation ne pourra

---

[292] Art. 1466 du CPCF « La partie qui, en connaissance de cause et sans motif légitime, s'abstient d'invoquer en temps utile une irrégularité devant le tribunal arbitral est réputée avoir renoncé à s'en prévaloir».

[293] La solution est assez proche de la jurisprudence française sur l'*estoppel*, principe venu tout droit du *common law* par lequel une partie ne peut adopter un comportement contradictoire, saisir par exemple le tribunal arbitral en premier temps et puis dans un second temps, contester la sentence pour défaut de convention d'arbitrage. La Cour de cassation française admet cette approche à la condition qu'il devrait y avoir un changement de position en droit de nature à induire en erreur l'autre partie sur ses intentions, Cass. Civ. 1re, 6 juillet 2005, *Golshani c/ Gouvernement de la République Islamique d'Iran*, Bull. civ. I, n°302 ; v° également Fauvarque-Cosson, *L'estoppel, concept étrange et pénétrant*, RDC, 2005. 1279.

s'établir que sur les cas d'ouverture prévus par la loi à cet effet.

83. Les cas d'ouverture de l'annulation de la sentence arbitrale par la Cour d'appel d'Antananarivo sont prévus en droit malgache par l'article 462 du CPCM qui établit l'exclusivité du recours en annulation comme voie de recours en matière d'arbitrage commercial international. Cet article prévoit ainsi six cas d'ouverture soit sur saisine d'une des parties à l'arbitrage soit sur constatation d'office du juge de l'annulation. Pour le premier cas, l'auteur de la demande de l'annulation devra apporter la preuve de (1) l'incapacité de l'une des parties à la convention d'arbitrage ou de l'invalidité de la convention en vertu de la loi à laquelle les parties l'ont subordonnée ou à défaut du choix applicable, en vertu des règles du droit international privé[294] ; (2) de ce qu'il n'a pas été dûment informé de

---

[294] V° *supra*, pp.16-17 pour la question de la capacité à compromettre.

la nomination d'un arbitre[295] ou de la procédure arbitrale, ou qu'il lui a été impossible pour une raison de faire valoir ses droits[296] ; (3) de ce que litige sur lequel porte la sentence n'avait pas été prévu dans la convention des parties, de sorte que le tribunal arbitral n'avait pas la compétence requise pour statuer, établissant une véritable obligation de l'arbitre de ne pas statuer *ultra pepita*,

---

[295] V° *supra*, pp.57-61 pour la question de la désignation des arbitres.

[296] Il est ainsi fait une place au principe de la contradiction – prévue par l'article 1520-4 du CPCF en droit français. Selon la CA de Paris, «la juridiction arbitrale doit impérativement respecter et faire respecter le principe de la contradiction ; que ce principe suppose que chaque partie ait été en mesure de faire valoir ses moyens de fait et de droit, de connaître ceux de son adversaire et de les discuter, ensuite qu'aucune écriture et qu'aucun document n'ait été porté à la connaissance des arbitres sans être également communiqué à l'autre partie, enfin qu'aucun moyen de fait ou de droit ne soit soulevé d'office par le tribunal arbitral sans que les parties n'aient été invitées à présenter leurs observations éventuelles», CA de Paris du 16 janvier 2003, Rev. arb. 2004, 369, note L. Jaeger.

c'est-à-dire se prononcer au-delà des demandes lui ayant été formulées; (4) de ce que la constitution du tribunal arbitral ou la procédure arbitrale, n'a pas été conforme à la convention des parties, à la loi applicable ou aux règles édictées par la loi relatives à la constitution du tribunal arbitral. Outre ces cas, la Cour saisie de la demande d'annulation est compétente pour se saisir d'office au-delà de la requête de la partie si les motifs d'annulation n'ont pas été soulevés si (5) le litige n'est pas arbitrable[297] ou que (6) la sentence soit manifestement contraire à «l'ordre public au sens du droit international privé». Sur cette dernière question de la violation de l'ordre public international, le droit malgache semble se référer aux débats en la matière dans la doctrine et la jurisprudence françaises[298]. Il a ainsi été

---

[297] V° *supra*, p.21-25 sur la question de l'arbitrabilité du litige.

[298] V° en ce sens l'article de l'ancienne ministre de la justice malgache, pratiquant de l'arbitrage et présidente honoraire de la Cour de cassation de la Cour suprême de Madagascar, Ramanandraibe (Bakolalao),

conçu que l'ordre public international soit «l'ensemble des règles et des valeurs dont l'ordre juridique française ne peut souffrir la méconnaissance, même dans des situations à caractère international». L'ordre public international peut ainsi se manifester en ce qui concerne la procédure et le fond. Pour la procédure, il a ainsi été admis que le principe de la contradiction, le principe d'égalité des parties ou encore l'interdiction de la fraude procédurale[299] sont autant de règles dont l'ordre public international ne pourrai faire fi et ainsi dont l'atteinte pourrait justifier l'annulation de la sentence arbitrale. En ce qui concerne le fond, peuvent être

---

L'exequatur des sentences arbitrales et la Convention de New York, Juillet 2016, p.4.

[299] CA de Paris du 30 septembre 1993, *Westman*, Rev. Arb. 1994, 359, note D. Bureau : ainsi un contrat ayant pour cause et pour objet l'exercice d'un trafic d'influence par le versement de pots-de-vin est (…) contraire à l'ordre public international français ainsi qu'à l'éthique des affaires internationales telle que conçue par la plus grande partie des Etats de la communauté internationale.

considéré comme ordre public
international selon la conception
française, les principes fondamentaux de
l'ordre juridique français, les lois de
police et dernièrement du droit de la
concurrence[300]. Il est ainsi essentiel de
soulever l'approche du droit de l'arbitrage
français qui excède ainsi les règles
conflictualistes du droit international privé
– auxquelles le droit malgache se réfère
dans le contrôle du respect de l'ordre
public international. En effet, le droit de
l'arbitrage français favorise des règles
matérielles propres à l'arbitrage
commercial international.

---

[300] CA de Paris, 18 novembre 2004, *Thales*, Rev. Arb.
2005, 751 : cet arrêt limite la conception du contrôle
de la conformité de la sentence à l'ordre public
international aux cas exceptionnels de violation
flagrante, effective et concrète. Ainsi, le «juge de
l'annulation peut, certes, dans le cadre de ses pouvoirs
de nature disciplinaire, porter une appréciation en droit
et en fait sur les éléments qui sont dans la sentence
déférée a son contrôle, mais pas statuer au fond sur un
litige complexe qui n'a jamais encore été ni plaidé, ni
jugé devant un arbitre concernant la simple éventualité
de l'illicéité de certaines pratiques contractuelles».

D'autres législations comme le droit mauricien se réfèrent à l'ordre public de leur propre pays dont l'irrespect entrainerait l'annulation de la sentence arbitrale et qui pourrait également empêcher sa reconnaissance et partant, son exécution.

Section 2. Le juge de la reconnaissance et de l'exequatur

84. La sentence arbitrale ayant dépassé le cadre du contrôle de l'annulation du juge du siège de l'arbitrage, il est essentiel pour la partie en droit de qui la décision est profitable de demander sa reconnaissance et ainsi la formule exécutoire afin de permettre de l'exécuter. Si la partie perdante s'exécute de manière spontanée, il s'avère inutile de recourir à cette procédure mais dans le cas contraire, il s'avère être indispensable de requérir du juge la decision de reconnaissance ou d'*exequatur* rendant exécutoire sur le territoire du juge de l'exécution la sentence arbitrale. L'article 463 du CPCM dispose en ce sens que les sentences arbitrales rendues en matière d'arbitrage international dans n'importe quel pays et

sous réserve de réciprocité, les sentences arbitrales étrangères ne sont reconnues ou exécutoires que sous la condition de la conformité aux règles de la loi sur l'arbitrage international malgache et particulièrement des articles 463 et suivants du CPCM. Deux concepts se dégagent de la lecture de ces articles, de la différenciation entre reconnaissance et exécution de la sentence arbitrale. La reconnaissance n'est en soi pas d'une importance particulière, l'idée maitresse étant pour les parties de demander au juge étatique «d'admettre l'existence de la sentence dans l'ordre juridique[301]» du lieu d'exécution de la sentence arbitrale. En effet, comme la sentence arbitrale est elle-même déjà l'autorité de la chose jugée, il n'est point utile d'en redemander la reconnaissance. L'*exéquatur* -nécessaire aussi bien pour une sentence interne ou internationale, rendue à Madagascar qu'à l'étranger- est lui important en ce que la sentence étant un acte juridictionnel, il

---

[301] Racine (J-B.) et Siiriainen (F.), «*Droit du commerce international*», *op. cit.* p. 490.

n'en reste pas moins qu'elle n'est pas encore revêtue de la formule exécutoire délivrée par le juge de la reconnaissance et de l'exécution qu'est la Cour d'appel d'Antananarivo, ce qui empêcherait son exécution forcée. Par le biais de l'*exequatur*, la sentence est accueillie dans l'ordre juridique du pays de l'exécution et l'Etat malgache pourra ainsi prêter son bras armé à l'exécution de la sentence. Malgré ces différences, la reconnaissance et l'exécution de la sentence arbitrale est soumise au même régime juridique.

85. Les articles 464 et suivants du CPCM organisent ainsi la procédure de demande de la reconnaissance et de l'exécution de la sentence arbitrale. La requête écrite en ce sens est adressée par l'une des parties à la Cour d'appel d'Antananarivo en produisant l'original dument authentifié ou une copie certifiée conforme de la sentence arbitrale avec l'original ou une copie certifiée conforme de la convention d'arbitrage. Les deux documents devront être traduits en langue malgache ou en langue française, traduction certifiée et faite par un traducteur inscrit sur la liste

des experts en ce sens auprès des cours et tribunaux de Madagascar. Le contrôle du juge de l'*exequatur* se fait selon sept cas d'ouverture qui comme en matière de recours en annulation peuvent être soit soulevée par la partie défenderesse – contrairement au recours en annulation, il y a ici une sorte de «présomption simple» de reconnaissance et d'exécution de la sentence, l'autre partie devant apporter la preuve contre cet argument- soit par la cour en se saisissant d'office. Dans le premier cas, l'article 464.1 du CPCM prévoit que la partie défenderesse pourra invoquer contre la reconnaissance ou l'exécution de la sentence arbitrale : (1) l'invalidité de la convention d'arbitrage du fait de l'incapacité d'une partie, de la loi choisie par les parties ou des règles du droit international privé ; (2) du non-respect du principe de contradiction par rapport à la nomination de l'arbitre ou par toute autre raison rendant impossible de faire valoir ses droits ; (3) du dépassement de la mission arbitrale du fait que la que la sentence porte sur un différend non visé par le compromis ou n'entrant pas dans les prévisions de la clause compromissoire ou qu'elle contient des décisions qui dépassent les termes du compromis ou de la clause compromissoire, étant entendu toutefois que, si les dispositions de la sentence qui ont trait à des questions soumises à l'arbitrage peuvent être dissociées de celles qui ont trait à des questions non soumises à l'arbitrage, seule la partie de la sentence contenant des décisions sur les questions soumises à l'arbitrage pourra être reconnue et exécutée ; (4) de l'irrégularité de la constitution du tribunal arbitral ainsi que de la procédure arbitrale ; (5) que la sentence dont la reconnaissance et l'exécution est contestée n'est pas encore définitive. Dans d'autres cas, il est possible pour la cour saisie en ce sens de statuer d'office sur la non reconnaissance ou la non-exécution de la sentence arbitrale (6) si l'objet du litige n'est pas arbitrable ; (7) ou si la reconnaissance ou l'exécution de la sentence serait manifestement contraire à l'ordre public international.

86. Partant de la procédure de reconnaissance et d'*exequatur* de la sentence arbitrale, il ne pourrait être concevable de ne pas soulever la portée de la Convention de New York du 10 Juin 1958 sur la reconnaissance et l'exécution des sentences arbitrales étrangères qui organise la réception des sentences arbitrales étrangères dont Madagascar est partie, d'autant plus que cette convention permette que des règles plus favorables puissent être accordées par les droits nationaux ou bien par le biais de conventions internationales. En effet, la Convention de New York établit qu'il ne serait pas imposé, pour la reconnaissance ou l'exécution des sentences arbitrales étrangères, de conditions plus rigoureuses ni de frais de justice plus élevés que ceux applicables aux sentences arbitrales nationales[302]. C'est en ce sens que la jurisprudence française, influencée par le

---

[302] Article III de la Convention de New York du 10 juin 1958 sur la reconnaissance et l'exécution des sentences arbitrales étrangères.

principe de l'autonomie de l'arbitrage vis-à-vis du droit national développa une conception défendue par certains auteurs selon laquelle il serait admis que le juge français puisse reconnaitre et ainsi rendre exécutoire une sentence ayant été annulée dans la juridiction du siège de l'arbitrage. Dans un certain nombre de cas jurisprudentiels[303], l'admission de cette conception était acquise, reste qu'elle a été contestée notamment par le fait qu'elle contredirait l'article V-1-e de la Convention de New York en disposant que «la reconnaissance et l'exécution de la sentence ne seront refusées (...) que si cette partie fournit à l'autorité compétente du pays où la reconnaissance et l'exécution sont demandées, la preuve (...) que la sentence a été annulée ou suspendue par une autorité compétente du pays dans lequel (...) la sentence a été rendue». Cet article prévoit ainsi selon certains auteurs une obligation de refuser

---

[303] V° la position jurisprudentielle française sur l'exécution des sentences annulées dans leur pays d'origine *supra*, p.47 et ss.

de reconnaitre les sentences annulées rendant ainsi invalide le permissif *may be refused only* de la version anglaise de la convention[304]. Outre les arguments soulevés eu égard au caractère transnational de l'arbitrage international[305], le fait est que l'annulation de la sentence dans son pays d'origine n'est pas un des cas d'ouverture du refus de reconnaissance et d'exécution de la sentence internationale étrangère que ce soit en droit malgache qu'en droit français[306]. Par ailleurs, c'est l'article VII

---

[304] Gaillard (E), *L'exécution des sentences annulées dans leur pays d'origine*, JDI 1998, n°3, p.661.

[305] Dont une discussion approfondie a été déjà soulevée *supra*, p.47 et ss.

[306] Le décret français de 2011 va même plus loin dans son article 1520 du CPCF en fusionnant les cas d'ouverture du recours en annulation de la sentence arbitrale internationale et de ceux du refus de reconnaissance et d'exécution de sentence étrangère soit par le fait que 1° le tribunal arbitral s'est déclaré à tort compétent ou incompétent ou ; 2° Le tribunal arbitral a été irrégulièrement constitué ou ; 3° le tribunal arbitral a statué sans se conformer à la mission

de la Convention de New York qui permet
– et c'est en cela l'apport de la
jurisprudence *Hilmarton* - que le juge ne
puisse refuser l'*exequatur* lorsque son
droit national l'autorise[307] considérant le
régime de faveur accordé à l'arbitrage en
matière internationale.

---

qui lui avait été confiée ou ; 4° le principe de la
contradiction n'a pas été respecté ou ; 5° la
reconnaissance ou l'exécution de la sentence est
contraire à l'ordre public international.

[307] CA de Paris, 19 Décembre 1991, *Hilmarton*, Rev.
Arb. 1993, p.300 : en outre que la reconnaissance en
France d'une sentence annulée dans son pays d'origine
ne serait pas contraire à la conception française de
l'ordre public international.

CONCLUSION

87. Chassé par la porte, le juge revient par la fenêtre. L'arbitrage étant un mode de règlement de litige de nature privée, il semblait ainsi justifié que ce soit les parties et par leur assentiment le tribunal arbitral puisse intervenir dans le schéma arbitral sans que l'autorité judiciaire ne soit sollicitée d'aucune manière. Mais qui dit justice, dit droit de juger mais aussi de commander, de faire exécuter les décisions quitte à utiliser la force publique si l'évènement ne permet de l'écarter. Le juge ne peut donc se tenir loin, il est toujours requis en quelques occasions durant l'instance arbitrale mais aussi et surtout pour rendre exécutoire la sentence arbitrale. Ceci étant, le développement des échanges commerciaux internationaux et des litiges qui pourrait en découler vont dans le sens de l'arbitrage commercial international en tant que mode «normal» de règlement de litiges, et partant d'une place sans cesse prépondérante à l'arbitre dont le pouvoir n'a cessé de croitre au vue des reformes au niveau des textes internationaux et étatiques. Mais gare à l'excès, les piqures de rappel comme l'a été

l'affaire *Tapie* font état que l'arbitrage n'est pas encore parfait, loin de là. La croissance des crimes transfrontaliers, financiers et sophistiqués, du blanchiment d'argent et de la corruption, du financement de terrorisme et d'autres «maux modernes», font que la frontière entre la justice d'ordre privée et la justice organisée par le juge étatique n'est pas encore cloisonnée, ce dernier intervenant au gré des évènements, l'*imperium* aidant. C'est sans doute en ce sens que le professeur Philippe Fouchard énonça que l'*imperium* serait, selon lui, le «talon d'Achille de l'arbitrage[308]».

---

[308] Cit. par Bostanji (S), Horchani (F), Manciaux (S) *in « Le juge et l'arbitre »*, éd. A. Pedone, 2014, p.131.

PRINCIPALES REFERENCES BIBLIOGRAPHIQUES, TEXTUELLES ET JURISPRUDENTIELLES (par ordre alphabétique ou chronologique)

1. Ouvrages généraux

a) KENFACK (Hugues), *Mémentos de droit du commerce international,* 2ᵉ édition, Dalloz 2006, 159 pages ;

b) RACINE (Jean-Baptiste), SIIRIAINEN (Fabrice) *Droit du commerce international,* 2ᵉ édition, Dalloz 2011, 529 pages.

2. Ouvrages spécifiques

a) FOUCHARD (Philippe), GAILLARD (Emmanuel), GOLDMAN (Berthold), *Traité de l'arbitrage international,* Litec, 1996 ;

b) GAILLARD (Emmanuel), *Aspects philosophiques du droit de l'arbitrage international,* Les livres de poche de l'Académie de droit international de La Haye, 2008, 240 pages ;

c) MEYER (Pierre), *Droit de l'arbitrage OHADA*, AUF, Bruylant Bruxelles 2002, 284 pages.

3. Instruments juridiques internationaux, régionaux, étrangers et nationaux

a) Instruments juridiques internationaux et régionaux

- Convention des Nations Unies sur la transparence dans l'arbitrage entre investisseurs et Etats fondé sur des traités du 10 Décembre 2014 ou «Convention de Maurice sur la transparence» ;
- Loi-type de la Commission des nations unies pour le droit commercial international (CNUDCI) sur l'arbitrage commercial international (adoptée par la Résolution n°40/72 du 11 décembre 1985 et amendée par la Résolution n°61/33 du 4 décembre 2006) ;
- Convention pour le règlement des différends

relatifs aux investissements entre Etats et ressortissants d'autres Etats dite Convention de Washington du 18 Mars 1965 (ratification par Madagascar par la loi n°66-011 du 16 juillet 1966, JORM n° 487 du 16 juillet 1966) ;

• Convention européenne sur l'arbitrage commercial international du 21 avril 1961 («Convention de Genève») ;

www.ingramcontent.com/pod-product-compliance
Lightning Source LLC
Chambersburg PA
CBHW070527220526
45467CB00003B/893